PEDAGOGISMO

FAUSTO DI BIASE Y GREGORIO LURI

PEDAGOGISMO

 CEU Ediciones

Pedagogismo.
Edición al cuidado de Julio Llorente

© Fausto Di Biase y Gregorio Luri, 2026
© de la traducción, José Antonio Santiago, 2026
© de la edición, Fundación Universitaria San Pablo CEU, 2026

CEU Ediciones
Julián Romea 18, 28003 Madrid
Teléfono: 91 514 05 73
Correo electrónico: ceuediciones@ceu.es
www.ceuediciones.es

ISBN: 979-13-87860-28-8
Depósito legal: M-913-2026

Maquetación y diseño de cubierta: Andrea Nieto Alonso (CEU Ediciones)

Impresión: Estugraf, S.L.
Impreso en España

ÍNDICE

EL CABALLO MUERTO

GREGORIO LURI

Kids need teachers to be the adult in the room.

Pamela Snow

CREENCIAS DE LUJO

El 18 de julio del 2025 publiqué un artículo titulado *El caballo muerto* en el que defendía una obviedad que es imprescindible defender continuamente en el mundo educativo: decididos a cabalgar un caballo muerto, estamos condenados al fracaso si nos empeñamos en cambiar de silla de montar. Lo único sensato es cambiar de caballo, pero lo más probable es que nuestros debates educativos se centren en cómo proporcionarle al caballo muerto herraduras más innovadoras.

Los gestores educativos parecen más interesados en camuflar la mediocridad que en fomentar expectativas altas, por miedo a crear agravios. Están presos de una ideología pedagógica que les hace creer que si algo es bonito o innovador es inevitablemente bueno y que, si tenemos buenas intenciones, los hechos nos seguirán mansamente. Pero no han escrito ni una línea realmente orientadora sobre el significado y el sentido de la innovación en pedagogía.

¿Podemos asegurar que la eficiencia de nuestros docentes, con la cantidad de cursillos, reformas y normativas que llevan encima, sea hoy superior a la de hace 25 años? Más bien parece que en su formación universitaria las modas y la corrección política tienen mucho más peso que el conocimiento riguroso de su oficio.

No importa si disponemos de un número creciente de estudios que nos demuestran que la enseñanza explícita es la más eficiente y equitativa. Hace tiempo que en España —no en el conjunto de la UE— decidimos que el profesor que necesitamos para encarar los retos del futuro debe limitarse a acompañar al alumno mientras este construye autónomamente sus propios conocimientos. De ninguna manera debe ser un profesor transmisor, porque todo lo que hay que saber ya está en internet.

La instrucción explícita es sencilla: el profesor que debe explicar un concepto nuevo lo descompone en sus elementos constituyentes para conducir a los alumnos paso a paso de lo conocido (los conocimientos previos) a lo desconocido (el conocimiento nuevo), sopesando en cada paso la carga cognitiva adecuada (la dificultad deseable) para cada alumno. Pero el mundo educativo es una reserva romántica seducida por mitos populares sobre el aprendizaje fácil. Aún hay escuelas que creen que el aprendizaje de la lectoescritura es, como el del habla, un aprendizaje natural que el niño adquirirá por sí mismo tarde o temprano. Esto es, pura y simplemente, pensamiento mágico.

Me comentaba la directora de una escuela —y, lo que es peor, me lo comentaba con orgullo— que a los niños que tienen problemas para deletrear les hacen deletrear mientras saltan en una especie de cama elástica en miniatura para que reciban una instrucción multidimensional y, de esta manera, alguna de sus inteligencias se sienta interpelada.

No importa cuán desacreditadas estén la teoría de las inteligencias múltiples o la de los estilos de aprendizaje, ahí siguen, impasible el ademán. No importan las críticas que recibiera Piaget porque, simplemente, se ignoran. No importan las críticas de Bruner al constructivismo, porque se desprecian. Pero la misma escuela que está permanentemente abierta a las ocurrencias pedagógicas defiende, machaconamente, la importancia del pensamiento crítico.

Aunque a los docentes se les insista en que cada alumno aprende de forma diferente y que, por tanto, es necesario prestar atención a su estilo específico de aprendizaje, los patrones cognitivos básicos son muy similares en la inmensa mayoría de las personas. Aunque las similitudes son mucho mayores que las diferencias, hemos elevado a la categoría de dogma pedagógico la hipótesis de que la motivación es el motor del aprendizaje, obviando que no hay motivador más eficaz que el aprendizaje exitoso. Desconfiamos de los conocimientos factuales y, en general, de la alfabetización disciplinar, mientras creemos ingenuamente en las competencias generales, como si se pudiera ser competente en el deporte sin saber jugar a ningún deporte concreto. Hemos sacralizado la espontaneidad y denigrado la memoria. Defendemos el pensamiento crítico, pero en la práctica, sólo merece este adjetivo el que coincide con el nuestro. Rechazamos los exámenes con el angelical argumento de que ningún alumno es un número, pero este razonamiento no nos lo aplicamos cuando nos ponemos el termómetro para comprobar si tenemos fiebre. Los deberes son percibidos como trabajos forzados, pero los niños culturalmente ricos no paran de ampliar sus conocimientos, ya que les basta con asimilar el lenguaje familiar.

Rob Henderson calificó de «creencias de lujo» aquellas que se pueden permitir los ricos, pero tienen un precio muy alto para el pobre.

Tres días después recibí un mail de una persona desconocida para mí que comenzaba así:

> *Pregiatissimo professor Luri ho letto con molto interesse il suo articolo che mostra che i guasti provocati dal pedagogismo sono gli stessi in tutti i paesi. Sono un matematico e di recente ho tradotto in italiano, in collaborazione con Paolo Di Remigio, il libro di E.D. Hirsch, Jr. dal titolo* The Schools We Need and Why We Don't Have Them.

El mail venía firmado por Fausto Di Biase, del departamento de Economía de la Università degli Studi «G. d'Annunzio».

El libro de Hirsch al que se refería el mail fue publicado en español el 2012 con prólogo de mi admirado Francisco López Rupérez y lo tengo, lleno de subrayados y notas al margen, como uno de los libros pedagógicamente más relevantes del primer cuarto del siglo xxi. Pocos días después recibí en casa la traducción italiana: *Le scuole di cui abbiamo bisogno e perché non le abbiamo.*

Di Biase y Di Remigio dan en la diana de la situación pedagógica actual:

Las reformas educativas desacertadas que han descarriado las escuelas europeas e italianas se inspiran en los modelos estadounidenses. De ahí la urgencia de estudiarlas con detenimiento. Para ello, es esencial este libro de E.D. Hirsch, Jr., que documenta el colapso del sistema escolar estadounidense y lo explica por la influencia de la pedagogía progresista. Sensible al naturalismo romántico y a una concepción formalista de las competencias, esta pedagogía está sujeta a los tabúes rousseaunianos sobre la escritura y la transmisión de conocimientos teóricos. Por lo tanto, impide que las escuelas practiquen la instrucción explícita y reduce su papel a la creación de un entorno de aprendizaje en el que los estudiantes adquieren competencias formales mediante la evolución interna impulsada por la actividad espontánea. En efecto, se les abandona a la ignorancia. Dado que la falta de educación afecta con mayor gravedad a los niños de familias desfavorecidas, las escuelas que renuncian al conocimiento por temor a la diferenciación igualitaria no sólo exacerban las divisiones de clase, como entendía Gramsci, sino que también carecen de la cultura común necesaria para mediar en los conflictos políticos, de modo que la sociedad pierde su capacidad de diálogo y se desintegra.

Unos días después Di Biase volvió a escribirme para comunicarme que estaba traduciendo al italiano un libro mío. Es muy reconfortante comprobar que no estamos solos en la defensa del valor del conocimiento y de la cultura común y, sobre todo, que no vamos a dimitir de nuestra responsabilidad moral con la educación rigurosa de las nuevas generaciones, especialmente de las más humildes. A partir de este inicial cruce de mensajes ha ido creciendo nuestra relación, que toma cuerpo ahora de manera explícita en este libro. Al mismo tiempo hemos ido ampliando el círculo de nuestras relaciones, incluyendo en el mismo a personas tan relevantes como Nuno Crato.

Fausto Di Biase me invitó también a un congreso pedagógico en Vicenza, al que por diversas razones me fue imposible asistir, pero como quería hacer acto de presencia, me acogí a lo virtual y envié un vídeo en el que decía lo siguiente:

> Les saludo desde España, con la esperanza de levantar puentes entre los que creemos, firmemente, que la mejor manera de seguir el mandato socrático de cuidar de nuestra alma es proporcionarle experiencias de conocimiento riguroso, de orden y de belleza. Como decía Calderón de la Barca, «a quien daña el saber, homicida es de sí mismo». Cada vez estoy más convencido de que tenemos el deber de aclarar nuestras ideas y de empalabrar el mundo y que este deber es una misión moral.
>
> Permítanme contarles un pequeño cuento.
>
> Había una vez un niño soñador en una clase de matemáticas. De repente un jilguero se posó en el alféizar de la ventana que estaba a su derecha y comenzó a cantar. El

profesor, inmutable, siguió llenando de números y letras la pizarra, sordo a la belleza de los trinos del pajarillo. El niño, sin embargo, se conmovió. ¿Cómo no prestarle más atención al jilguero que al profesor que seguía con la fría aridez de sus ecuaciones? El corazón del niño, fluyendo más allá de su pupitre, salió de la clase y se posó junto al pajarillo, sintonizando sus latidos con su canto. Durante unos minutos fue intensamente feliz. Su atención estaba en el alféizar, al lado de la vida, no en la pizarra, donde sólo había letras y números que había que memorizar para vomitar en un examen.

De este cuento se pueden extraer varias conclusiones interesantes sobre nuestra situación pedagógica:

1. Hay pedagogos muy modernos que no sólo son insensibles a la belleza de las matemáticas, sino que no tienen ningún pudor en confesarlo. No les molesta su ignorancia matemática.

2. Como su sensibilidad matemática es escasa, no comprenden que hay profesores de matemáticas capaces de mostrar la belleza de su asignatura y de conectar con la sensibilidad matemática de sus alumnos.

3. Parecen creer que, como dice Homer Simpson, si algo es difícil, no merece la pena hacerlo.

4. Es fácil que no comprendan los esfuerzos de Mozart para incorporar el canto de un jilguero que había escuchado casualmente en un mercado al tercer movimiento de uno de sus conciertos para piano. ¿Y qué es la música sino las matemáticas en danza?

5. Creen que es más educador atender al canto de un petirrojo que a las explicaciones de un profesor, sin aceptar que hay un momento para cada cosa y que las personas bien educadas saben cuándo mirar por la ventana y cuándo mirar a la pizarra.

6. No les preocupa que el niño suspenda el próximo examen de matemáticas sin aprobar por ello el de ornitología.

7. No parecen apreciar la importancia de la autodisciplina y del control de la atención.

8. No son conscientes de que, en la sociedad del capitalismo cognitivo, el conocimiento es el petróleo del futuro.

9. Tienden a creer que aprender es fácil porque todos los niños, según se dice, se hacen preguntas y son filósofos y científicos en potencia. La verdad es que, si

se trata de aprender cualquier cosa, se puede aprender de cualquier manera, mientras que, si se trata de adquirir conocimientos relevantes y sistemáticos, hemos de poner algo de nuestra parte. Los conocimientos no se ordenan solos.

Pensar trivialidades es fácil, pero pensar rigurosamente cuesta. El pensamiento riguroso, a diferencia de la mera opinión, resulta de un esfuerzo sostenido y de un contacto asiduo con personas que razonan bien. Millones de personas han visto caer manzanas de los árboles a lo largo de la historia, pero para ver en su caída, como vio Newton, el esbozo de una ley científica, se necesita tener educada científicamente la mirada.

Todos hemos visto a niños jugar con una pelota, pero sólo Nicolás de Cusa encontró en los niños que jugaban en una plaza de Orvieto, en 1463, la inspiración para escribir *De Ludo Globi.*

Recuerdo con frecuencia las palabras de Alessandro Baricco en la Leopolda de Florencia el año 2011: «¿En qué nos hemos equivocado? La voluntad de trabajar en defensa de los desfavorecidos es un espléndido punto de partida, pero los desfavorecidos no se defienden fomentando la mediocridad o el miedo al riesgo».

No podemos aceptar con los brazos cruzados que se difumine la diferencia entre excelencia y mediocridad, que se confunda la aspiración legítima a la igualdad de oportunidades con el igualitarismo cultural, que el conocimiento se haya convertido en un término incómodo para la pedagogía hegemónica.

Hemos abandonado, sin discusión, términos tan centrales en la tradición pedagógica europea como los de voluntad, hábito, talento, virtud, esfuerzo, excelencia, mérito, responsabilidad, ambición, emulación, transmisión, ejemplaridad, deberes, disciplina, memoria, verdad, silencio, constancia, caligrafía, cálculo mental, paciencia, agradecimiento, serenidad, erudición, enciclopedia, elocuencia, retórica, prosodia, respeto, sobriedad, modales, carácter... etc.

El filósofo neoplatónico Proclo cuenta que, cuando Euclides le presentó a Tolomeo I sus *Elementos*, que son una de las grandes construcciones intelectuales de la humanidad, el rey de Egipto le preguntó si no había un camino más fácil para aprender geometría que el de aquella áspera senda. Euclides le respondió: «No hay caminos reales en la geometría». Fíjense: un sabio de origen humilde le está diciendo al sucesor de los faraones egipcios que «si quiere saber geometría, tiene que seguir el mismo duro camino que los demás mortales». Pero, por eso mismo, los plebeyos tenemos la geometría a nuestro alcance.

Hoy más de un pedagogo nos asegurará que es preferible que un niño sea más sensible al canto de un jilguero que a los *Elementos* de Euclides, porque los *Elementos* tienen poco valor competencial para un escolar. A estos pedagogos hay que contarles, serenamente, la reacción de Euclides cuando uno de sus alumnos le preguntó:

— ¿De qué me sirve saber esto?

Euclides llamó a su esclavo y le dijo:

— Dale medio dracma, porque tiene que sacar provecho material de todo lo que aprenda.

Precisamente porque el de la geometría es un saber que no está sometido a ninguna necesidad extrínseca, nos brinda experiencias puras de orden y rigor. Y esta, como sabía Platón, es la mejor forma de cuidar de nuestra alma.

Si queremos dar oportunidades a los pobres, proporcionémosles una buena formación matemática por el camino más transitable posible, pero sin rebajar su exigencia ni su rigor. Evitemos el diseño de currículos pobres para pobres. Los *Elementos* no son fáciles. Pero ¿hay algo verdaderamente grande que se nos entregue sin esfuerzo?

Cuando, guiados por una creencia de lujo, ofrecemos a los alumnos pobres un currículum que tiene más en cuenta lo que les resulta familiar o sugestivo que lo que les resulta desafiante, les estamos condenando a la pobreza. No seamos condescendientes con la ignorancia. Si no hay libros en casa, será necesario llenar las escuelas de libros y, si el vocabulario familiar es muy limitado, habrá que llenar las aulas de palabras porque, cuanto más pobre es nuestra lengua, más pobre es nuestro pensamiento. No podemos construir hipótesis sin dominar el condicional. Es necesario esforzarse en escribir bien precisamente porque es difícil y porque eliminar los matices de nuestra lengua es condenarse a ser extranjero en tu propia lengua.

Debemos abrir las ventanas de las escuelas hacia horizontes que trasciendan los ámbitos familiares. La escuela no debería ser una prolongación del hogar familiar, sino el lugar donde encontramos lo que nos falta en casa. Su misión es ayudarnos a trascender los horizontes de nuestro mundo familiar para facilitarnos el trato con los demás en ámbitos culturales progresivamente más amplios y sofisticados, sin sentir vergüenza de nosotros mismos por nuestra carencia de recursos. La escuela no está hecha para movernos en lo conocido, sino para abrir vías de exploración de lo desconocido. Si no anima a los niños pobres a ir más allá de sus horizontes habituales, ¿quién lo hará?

Suele decir Greg Ashman, un pedagogo de nuestro tiempo, que el progresismo educativo tiene una tradición de más de 100 años con un largo historial de fracasos, pero que vuelve a las andadas, una y otra vez, en forma de nuevas variantes, un poco como la gripe aviar.

¿Quién creen ustedes que es el autor de la siguiente afirmación, tan rotunda?: «El mundo avanza a un ritmo vertiginoso. Nadie sabe hacia dónde. Debemos preparar a nuestros hijos no para el mundo del pasado ni para nuestro mundo, sino para su mundo: el mundo del futuro». Sí, se la podemos adjudicar a un buen número de pedagogos progresistas, pero es del padre de todos ellos, John Dewey. Y tiene más de un siglo.

Lo revolucionario es comprender

En la undécima tesis sobre Feuerbach, Carlos Marx afirma con contundencia que los filósofos, hasta él, no habían hecho más que interpretar el mundo, cuando lo urgente es cambiarlo. Pero si, a lo largo de la historia, tantos grandes pensadores han dedicado esfuerzos titánicos a interpretar el mundo sin lograrlo en plenitud, la conclusión que parece lógica es que el mundo no se deja comprender fácilmente y que el intento de cambiar lo que no se ha comprendido no está exento de graves riesgos.

Es altamente probable que el mundo, como un todo, escape a nuestra comprensión y que sólo podamos disponer intelectualmente de fragmentos. Sin embargo, siempre resulta tentador confundir nuestra imagen del mundo con la realidad. Esto es especialmente importante en la actualidad porque el mundo se nos ha llenado de colapsólogos que predican tragedias colectivas inminentes y de profetas del desasosiego que nos advierten de que tras cada innovación se puede esconder una potencial catástrofe.

Aunque el sociólogo alemán Ulrich Beck nos advirtió de que somos como crisálidas en el capullo de la historia y de que nos falta experiencia para interpretar nuestros malestares, sobreabundan los intelectuales convencidos de que han comprendido el mundo y de que están por ello legitimados para tratarnos a los demás con cierta condescendencia. Si alguien les dice que se encuentra bien, en lugar de creerlo y alegrarse con él, intentan persuadirle de que en realidad se encuentra mal y de que su conciencia del bienestar es una conciencia alienada que necesita de un intelectual crítico para despertar a la realidad. No han sido pocos los intelectuales, de Marx a Bourdieu, que se han empeñado en ser los maestros de la sociedad y han visto en la escuela el principal instrumento ideológico para hacer realidad su ideal, considerándose con derecho a empujarnos hacia él por las buenas o por las malas. Para ello nada más útil que convencer a los jóvenes de que la sociedad siempre nos debe algo o, si se prefiere, de que la sociedad es un hotel en el que todos tenemos derecho a ser bien servidos porque, en el fondo, el ciudadano es un cliente. Pero de esta manera sólo se construye una concepción clientelar de una ciudadanía educada en la transferencia continua de responsabilidades. Fue Andreas Schleicher, el factótum de PISA, el que, en unas declaraciones al *Financial Times* (5-12-2023), declaró que «en los países ricos los estudiantes se han convertido en consumidores y los profesores en proveedores de servicios».

Una gran pedagoga norteamericana, Diane Ravitch, argumentó en un libro imprescindible, *Left Back. A Century of Battles Over School Reform*, que si bien la izquierda suele presentarse como aliada natural de la cultura, el progresismo pedagógico se ha caracterizado en los Estados Unidos, desde principios del siglo xx, por los siguientes rasgos:

1. Rechazo decidido de lo académico, denigrado como academicismo.

2. Desprecio del libro de texto, del profesor transmisor, el pupitre, la tarima, la disciplina, los deberes y, sobre todo, la memoria.

3. Aceptación acrítica de una doble tesis: (1) los alumnos aprenden de maneras diferentes y (2) la escuela debe desarrollar el estilo de aprendizaje de cada alumno. Por lo tanto, la escuela que ofrece el mismo programa a todos los alumnos es antidemocrática.

4. El imperativo de que la escuela debe representar la vida real. Se deben eliminar las barreras que separan la escuela de la sociedad.

5. Las asignaturas no deben constituir el centro de la actividad escolar, sino el interés del niño. La educación debe entenderse como una permanente reconstrucción de la experiencia. Comprender algo significa aplicarlo en la vida real. La escuela debe centrarse en problemas y procesos y no en las materias académicas.

Mientras el progresismo pedagógico triunfaba en los Estados Unidos, Francia estaba construyendo su escuela republicana, que parte de postulados opuestos. Para sus creadores, la escuela debía constituir un refugio en el que el mundo no tuviera cabida para, de esta manera, tratar a los niños exclusivamente según sus competencias, sin dar ningún valor a su procedencia. El programa común para todos los niños franceses era una apuesta por una cultura común.

Tengo en mi poder el cuaderno escolar de un niño francés de once años del curso 1959-1960. La primera página contiene la siguiente declaración de principios: «La escuela desarrolla nuestra inteligencia, forma nuestra conciencia y nuestro carácter y hace de nosotros hombres de bien». En el interior me encuentro algunas perlas que no me resisto a transcribir:

- «Trabajo, esfuerzo, disciplina. Estas son las virtudes del buen escolar».

- «Hay que hacer cada día un esfuerzo para ser un poco mejor que el día anterior. Coraje».

- «La escuela es una segunda familia y los escolares deben ser como hermanos».

- «Vete a donde quieras, que allí te encontrarás con tu conciencia».

- «El bien no tiene siempre recompensa. Hay que hacer el bien por el bien, no por la recompensa».

- «Todo en la vida está sujeto a deberes. Serles fiel: aquí está el honor. No respetarlos: aquí está la vergüenza».

- «Es un deber común vencer el miedo y aprender el coraje».

Pero el modelo que ha acabado triunfando en Europa, sobre todo a partir del 68, ha sido el norteamericano. Hoy las cosas han cambiado tanto que lo que se le pide a la escuela es, sobre todo, que preserve el bienestar del niño y garantice su estabilidad socioemocional. Nuestro desconcierto es tan grande que estamos sometiéndola a todo tipo de críticas. Todo en ella se encuentra en permanente discusión: fines, métodos, evaluaciones, etc.

Un profesor de bachillerato me envió un mail a principios del presente curso escolar diciéndome lo siguiente: «Puedes pasarte el verano leyendo sobre tu especialidad, profundizando en las últimas investigaciones de tu materia, organizando el contenido de la misma, seleccionando lecturas pertinentes en relación al programa...Y nada, llega la orientadora y chimpún». Se refería a las instrucciones que la dirección del centro había dado a los profesores en el comienzo del curso. El principal objetivo del nuevo curso era que los alumnos se sintieran acogidos, en el bien entendido de que para «acoger» lo importante no es lo que se enseña, sino el tipo de persona que tienes que ser para poder enseñar: has de recibir a los alumnos con alegría, procurar su comodidad, hacer que se sientan importantes; proporcionarles un apoyo entrañable y estimulante; mantener una actitud de apertura amorosa; y, por último, ponerte en su lugar.

Es este un buen ejemplo de la creciente psicologización emotivista de la educación a todos sus niveles. La mermelada sentimental lo pringa todo. La psicologización de la educación es el mal del que ella se cree cura.

Defendía Péguy con estas vehementes palabras el papel del maestro: «Es el único e inestimable representante de los poetas y de los artistas, de los filósofos y de todos los hombres que han hecho a la humanidad y que la mantienen». El noble compromiso que tiene contraído es el de «garantizar la representación de la cultura». ¿Cuántos docentes se ven hoy a sí mismos de esta manera?

LO QUE HAY QUE COMPRENDER

Aquella determinación con que nuestros abuelos iban a la escuela, convencidos de que les proporcionaba posibilidades de progreso intelectual, social, económico y moral... se ha entibiado y, aunque todas las estadísticas nos dicen que el paro se ceba fundamentalmente en la población sin títulos académicos, hablamos sin cesar de «titulitis» y no hay ámbito escolar que no esté sometido a crítica. No nos detendremos a dar protagonismo a los descontentos, pero sí es imprescindible ser conscientes de la realidad a la que hemos de hacer frente.

A mi modo de ver, lo que la realidad educativa nos está pidiendo es que convirtamos los problemas en retos y les demos respuesta con el mayor rigor posible.

EN PRIMER LUGAR, EL MALESTAR DOCENTE

La UNESCO ha advertido que la profesión docente vive una «crisis sin precedentes», que el abandono ha pasado del 4,6% en el 2015 al 9% en el 2022. Y sigue creciendo. En España, según el último informe TALIS (2025) se da la sorprendente e hipócrita paradoja de que el 95% de nuestros docentes confiesa una gran satisfacción profesional (somos uno de los países con más satisfacción profesional de la OCDE), pero, al mismo tiempo, 6 de cada 7 docentes de educación secundaria tiene que recordar en todas o en la mayoría de las clases las normas de convivencia y el 50% se encuentra estresado por la indisciplina.

Reconozcamos que hoy es difícil convencer a un matemático de que será más feliz dando clases de matemáticas en la ESO que trabajando en una empresa privada. Reconozcamos, igualmente, que una persona con un mínimo sentido del ridículo sufriría de lo lindo en estos cursillos de formación de los docentes que parecen diseñados por enemigos del mundo adulto: «Habitar nuestro cuerpo con amor», «Orientando sexistencias», «Constelaciones familiares», «Curso elemental de *mindfulness* y autocompasión», etc.

Hace unos años pregunté a un político de Singapur por la clave del éxito de su país en PISA: «Es muy sencillo», me contestó, «todo el mundo sabe por qué hace lo que hace». No es nuestro caso. Muchos docentes están desconcertados y no acababan de entender el sentido de buena parte de lo que hacen. Lo único evidente es la carga burocrática. ¿Cómo no han de estar desconcertados si es necesario que sean hermeneutas doctorados para entender, por ejemplo, la competencia específica diez de la asignatura de matemáticas de ESO? «Desarrollar destrezas sociales reconociendo y respetando las emociones y las experiencias de los demás, participando activa y reflexivamente en proyectos en equipos heterogéneos con roles asignados, para construir una identidad positiva como estudiante de matemáticas, fomentar el bienestar personal y grupal y crear relaciones saludables».

Cada vez es más difícil encontrar sustitutos, especialmente de matemáticas. Y, como hemos de cubrir las plazas, no podemos ser muy exigentes en la contratación.

LAS FAMILIAS Y LA EDUCACIÓN EN LA SOMBRA

Las familias que pueden permitírselo dedican cada año más recursos económicos a completar la educación escolar de sus hijos porque ven que cada vez obtienen calificaciones más altas que no parecen corresponderse con sus mediocres conocimientos. La demanda es evidente en lenguas extranjeras y matemáticas. Pero si es necesario comprar en el mercado el tiempo educativo de calidad que se echa de menos en la escuela, la equidad es un brindis al sol.

En las librerías una de las secciones que más crece es la dedicada a la crianza. Veo aquí un monumento a la inseguridad de padres y madres. Como respuesta a su inquietud podrían asumir que en la familia, como en la sociedad, si las cosas deben funcionar, alguien debe resignarse a hacer de adulto, pero muchas familias de clase media han decidido que sus hijos deben ser felices a cualquier precio y les protegen de forma abusiva, impidiéndoles el contacto directo con el mundo tal cual es. La sobreprotección se ha convertido en la forma más sofisticada del maltrato.

LA DERIVA TERAPÉUTICA

La escuela corre el riesgo de transformarse en una institución terapéutica. Aquel venerable lema de la escuela republicana francesa —«transformar al hijo en ciudadano»— ha sido olvidado. Hoy lo prioritario es el bienestar emocional de un alumno que es visto más como paciente que como agente responsable. El vocabulario psicológico está sustituyendo al académico. El niño travieso ya no es travieso, sino que padece algún trastorno inespecífico. Hemos cancelado Huckleberry Finn.

En el actual debate sobre las pantallas y la infancia echo de menos la pregunta esencial: ¿A qué necesidad han venido a dar respuesta las pantallas? Mi tesis es que son una respuesta al tedio causado por la ausencia de expectativas de juego real, intenso, vital, arriesgado. Las pantallas nos distraen de los microtedios cotidianos. Si se han convertido en protagonistas de nuestras vidas es porque previamente habíamos vaciado estas —especialmente en el caso de los niños y niñas– de experiencias directas, emocionantes, en primera persona, de contacto aventurero con el mundo real. Se puede alegar que su victoria es triste, pero en un tiempo que ha proscrito la espera, cualquier cosa que entretenga es valiosa.

No debiera haber nada más normal que un niño lleno de energía, explorador, curioso, con ganas de superarse constantemente a sí mismo, que siente una atracción irresistible por el mundo y el riesgo. En definitiva, los niños deben estar tan seguros como sea necesario, pero no tan seguros como sea posible. Nuestro objetivo debe ser fortalecer sus competencias frente al riesgo precisamente porque el riesgo, en la vida, es real. La sobreprotección es una forma de maltrato porque no considera que los hijos sean dignos de descubrir (en un proceso de progresiva autonomía) el mundo.

Si incido en la importancia del juego libre y arriesgado es porque en él se manifiesta de manera clarísima la importancia de las dificultades deseables y la diferencia existente entre un elogio merecido y un premio de consolación. Para ser eficaz, el elogio debe ser sincero, específico y merecido. No todo lo que duele expresa un trauma psicológico. La frustración que experimentamos todos de vez en cuando sólo prueba que estamos vivos.

Debemos resistirnos al predominio del discurso terapéutico que considera al niño como frágil, herido y necesitado de cuidados y protección. Ni toda dificultad es dañina, ni toda confusión es inherentemente mala, ni toda frustración deja una herida indeleble en el niño. No es sensato proteger a los niños de las incertidumbres de la complejidad, cuando debiéramos enseñarles a gestionarla. Sin embargo, se está imponiendo la tesis de que el bienestar emocional, la alfabetización emocional o la competencia emocional son los objetivos más importantes del sistema educativo. Insisto en ello: con frecuencia la educación emocional funciona como el mal del que esta misma educación se cree cura. No dejamos de abrir ventanas hacia el interior del niño cuando lo que más necesita es mucha más actividad física, mucho más juego libre y arriesgado, muchos más amigos, muchas más aventuras, mucho más meterse en la cama cansado físicamente y no sólo cansado psicológicamente y con los ojos enrojecidos por un exceso de pantallas. No dudo de las buenas intenciones de los educadores socioemocionales. Dudo que lo que podríamos llamar el «currículo del yo» (lo personal e inmediatamente relevante) sea más útil para la formación de una persona que un buen currículo académico (impersonal, formal y abstracto, que enseñe la primera lección de la democracia: la de ser uno más) y una cuidada higiene del sueño y de la actividad física. La formación académica puede proporcionarnos experiencias de orden, rigor y belleza que son una forma eficaz de cuidar de nosotros mismos.

La educación terapéutica no libera a los jóvenes de los problemas cotidianos, ya sean banales o graves, sino que los sumerge en un currículo introspectivo, convirtiendo a las escuelas en la pasarela de la última moda política.

No hemos de patologizar la normalidad, con sus tonalidades emotivas, sus emociones intensas, sus sentimientos de tristeza y de alegría, sus estados de ánimo que vienen a visitarnos cuando se les antoja... No hemos de olvidar, sobre todo, que lo importante, lo que, en cualquier caso, debería guiar la educación emocional es el tipo de persona que queremos ser y que para ello necesitamos reguladores no emocionales de las emociones.

LA DEFENSA DE LA CULTURA COMÚN

Por cultura común entiendo una historia compartida, un vocabulario inteligible para todos, un fondo asequible de conocimientos, unas referencias culturales; cierta intuición colectiva basada en reacciones espontáneas a experiencias compartidas (Tomasello habla de «intencionalidad compartida»); un sentido de la copertenencia; una vocación de transmitir a las nuevas generaciones lo mejor de nuestra herencia... En definitiva, la cultura común es lo que permite que una sociedad que ha erigido el pluralismo en valor constitucional supremo siga siendo una en su rica diversidad.

Pero hoy está perdiendo terreno en la escuela porque la está expulsando tanto la creciente psicologización del alumno como el debilitamiento de la memoria colectiva bajo la absurda idea de que todo está en internet. Sin embargo, parece obvio que la escuela tiene el deber de retornar a la sociedad en forma de capital cultural las cantidades ingentes de recursos que recibe de ella. No es el gobierno el que mantiene la escuela, sino los impuestos de los ciudadanos laboriosos.

Ciertamente la cultura común no es estática. Evoluciona a diferentes ritmos (piense en los vocabularios de diferentes generaciones), pero precisamente por eso educar con un sentido cívico es hacer posible el lema *e pluribus unum*, la unidad en la diversidad.

Se dice a menudo que vivimos en la sociedad de la información. Yo prefiero hablar de capitalismo cognitivo, que es el capitalismo realmente existente. El capitalismo ha mutado de material a cognitivo y la creación de valor ha pasado del músculo al cerebro. El conocimiento es el petróleo del futuro. Pero a medida que esta mutación avanza, se ha ido creando una élite cognitiva cada vez más poderosa y con tendencia a encerrarse en sí misma. La forma de impedir que no acabe cuajando en una casta social es reforzar y encomiar la cultura común, que es la que permite la comunicación eficiente entre los expertos de diferentes campos y entre estos y los legos. La cultura común es como la lengua franca de una comunidad.

Las tecnologías eran, básicamente, prótesis antropológicas que amplifican lo que somos: por ejemplo, amplificaban la capacidad de visión por medio de gafas, telescopios y microscopios. Pero hoy lo que caracteriza a la tecnología no es tanto su dimensión protésica como la velocidad de vértigo con que amplifica lo que somos en direcciones imprevistas cinco años atrás. El efecto paradójico es que lo bueno resulta poco comercial, porque perdura y nos incapacita para predisponernos a lo posible.

Somos seres que consumen rápidamente su actualidad. Lo hacemos con tal voracidad que la actualidad genuina es hoy la potencialidad.

Y, sin embargo, no somos felices. Miremos donde miremos nos encontramos con progresos parciales evidentes (piensen en la medicina, la farmacia, la física, las ingenierías...), pero su suma no nos da para un Progreso con mayúscula, un progreso optimista. La novedad ha devenido melancólica y nos ronda la sospecha de que detrás de cada innovación puede esconderse una catástrofe. Nuestras innovaciones tiran de nosotros hacia el futuro con tal rapidez que no tenemos tiempo para acostumbrar la mirada al porvenir.

Las repercusiones de esta situación en las escuelas son notables. Las grandes compañías tecnológicas ven el futuro del color de sus planes estratégicos, lo cual es comprensible, porque han de rendir cuentas ante sus accionistas. Lo que no es tan comprensible es que la pedagogía adopte estas visiones como interpretaciones objetivas del futuro. Es fácil ver que son esas grandes compañías las que nos están insistiendo en que, por ejemplo, la memoria ha perdido relevancia pedagógica porque todo está en internet. A mi modo de ver, este es, exactamente, el drama: en internet está todo: lo bueno y lo malo, la verdad y la mentira, lo sublime y lo ridículo, la biología y la pornografía, la amistad y el abuso, la ingenuidad y la perversión... lo mismo encontramos instrucciones para escribir un soneto que para elaborar una bomba. Todo está en internet, en efecto, todo... salvo el criterio para convertir la información en conocimiento fiable y valioso. Mi criterio o está en mí, o no está en ninguna parte.

De ahí el riesgo de transferir nuestros procesos mentales humanos a las máquinas (la IA). Hay investigadores convencidos de que esta transferencia es la responsable del famoso Efecto Flynn (el descenso del CI en los países desarrollados, especialmente en los del norte de Europa, desde finales del siglo pasado). El vaciado de la memoria procedimental estaría debilitando el razonamiento, dificultando el aprendizaje, disminuyendo la eficiencia y estimulando la pereza cognitiva (especialmente en la reducción de las conductas de autorregulación, autocorrección y reflexión pausada).

Es cierto que los astrofísicos o médicos están utilizando la IA con resultados espectaculares. Pero estos resultados manifiestan lo que puede dar la alianza entre la capacidad de preguntar del experto y la tecnología.

Lo que está en juego es la ambición que proyectamos sobre nosotros mismos. Si las tecnologías son prótesis antropológicas que amplifican lo que somos, ¿no debería preocuparnos lo que somos?

Yo quiero imaginarme una escuela que sea un auténtico gimnasio intelectual, que anime a los alumnos a lidiar con los problemas antes de buscar ayuda, que amplifique el radio de su comprensión del mundo, y no sólo la rapidez de lo que hacen; que fomente la audacia de la pregunta, que no se deje seducir por el pensar-sintiendo de la corrección política, que ayude a empalabrar el mundo, que no crea que, si somos vegetarianos, nunca nos atacará un depredador. Quiero una escuela que enseñe a utilizar el GPS, pero que estimule nuestro deseo de disfrutar del paisaje.

Añado un apunte sobre la relación entre los niños y adolescentes y las pantallas. No conozco ni un estudio que demuestre que los dispositivos digitales reduzcan la capacidad de atención de los estudiantes. Sin embargo, me creo a los docentes cuando, casi de manera unánime, se quejan de que cada vez les resulta más difícil lograr que sus alumnos se concentren en sus tareas escolares, lo cual significa que no conocemos muy bien las causas verdaderas de muchas de las conductas escolares que tanto nos llaman la atención. ¿Los alumnos han perdido capacidad atencional o han decidido que pueden dejar de prestar atención porque, hagan lo que hagan, recibirán una palmada en la espalda por progresar satisfactoriamente? ¿Qué es lo que falla, la atención o los estímulos? ¿Prefieren las recompensas a corto plazo a las recompensas diferidas?

Con la IA está ocurriendo algo notable: paradójicamente, las personas con menos información sobre ella son las más entusiastas y receptivas a su uso, a menudo porque la consideran mágica e inspiradora. Los estudios revelan que, cuando las personas ven a la IA realizando tareas que normalmente asociamos con rasgos exclusivamente humanos, como escribir poemas, aconsejar, componer canciones, etc., sienten tanta admiración por ella que se incrementa su predisposición a usar las herramientas. Como confían ciegamente en ella no ven la necesidad de hacerse con un criterio. Por el contrario, quienes tienen mayor alfabetización son más escépticos, conscientes de las limitaciones y las cuestiones éticas asociadas a la IA.

Epistemología o Pedagogía

Sostiene Paul A. Kirschner, y estoy de acuerdo con él, que la raíz de buena parte de nuestras frustraciones educativas se encuentra en la confusión, muy extendida entre los docentes y fomentada en las facultades de educación, de la epistemología con la didáctica.

Podemos decir, simplificando, que la epistemología es el estudio y clarificación del conocimiento verdadero, mientras que la didáctica es el arte de hacer comprensible al alumno la parte del conocimiento verdadero que le sea asequible por su edad, sus conocimientos previos y sus condiciones de aprendizaje.

Las cosas comenzaron a confundirse cuando Jean Piaget acuñó el concepto de «epistemología genética», es decir, de «evolución de la verdad», suponiendo que lo que decía Ranke de la historia (que cada época tiene su propia relación con Dios) se podía aplicar al desarrollo intelectual del niño (en cada momento sería verdadero para el niño lo que entienda por tal). Según Piaget, un niño de 6 años no se equivoca cuando comprende las cosas de acuerdo con lo que su momento evolutivo le permite. La verdad vendría a ser la parte de la realidad que encaja en los esquemas cognitivos de un sujeto en un momento dado de su evolución. La verdad de un aprendiz puede diferir de la de un experto, pero es verdad, porque la verdad, en el fondo, es una construcción personal. Algunos pedagogos constructivistas han concluido de estas premisas que en la escuela lo importante no son los conocimientos, sino el desarrollo de los esquemas cognitivos del alumno (las competencias generales). Los conocimientos tendrían valor en la medida en que estimulan ese desarrollo. Esto conlleva una grave incomprensión del papel de las disciplinas tradicionales y, en general, de toda educación que venga del exterior a forzar el desarrollo natural del niño imponiéndole modos de conducta ajenos a su supuesto desarrollo natural.

Dejemos de lado el hecho obvio de que no hay educación sin influencias externas, comenzando por la de la propia lengua. Lo que llamamos aprendizaje no es otra cosa que una interiorización de conocimientos, creencias, prácticas y valores que se reciben de los demás y con los demás. En las sociedades primitivas este proceso se realizaba por imitación y en las sociedades modernas, debido a la complejidad creciente de lo que hay que transmitir, se recurre la escuela para suplir con la planificación las lagunas de la imitación.

Detengámonos en el lenguaje. Los niños de diferentes familias ni escuchan el mismo número de palabras ni las palabras que escuchan tienen una carga semántica equivalente. Es previsible que el niño que crece en un medio lingüísticamente pobre aprenda a comunicarse con un lenguaje conceptualmente muy pobre, pegado a la experiencia que tiene de lo que nombra. Como decía Vygotsky —tan citado y tan poco leído—, no se puede acceder a las «formas de pensamiento más altas» con un vocabulario pobre. Un vocabulario pobre no es solamente el escaso de palabras. Es también el vocabulario connotativo. Dos niños de dos ambientes culturales distintos pueden tener referentes diferentes cuando oyen la palabra «río». Uno dará por hecho que este «río» no pude ser más que el de su pueblo, que es del que tiene experiencia. Mientras que otro puede manejar un concepto más abstracto, como una corriente fluvial permanente que nace en un lugar y desemboca en otro. De este segundo «río» nadie ha tenido ninguna experiencia directa, pero precisamente por eso nos sirve para entendernos cuando hablamos de ríos. Pues bien, una de las funciones irrenunciables de la escuela es ayudar al niño a transitar de uno a otro río; del «río» que connota su río al «río» que denota lo que todos los ríos tienen en común. Este segundo río ilumina la experiencia, pero no puede ser construido exclusivamente a partir de la experiencia del niño. Esta diferencia, que puede parecer trivialmente obvia, tiene repercusiones pedagógicas enormes porque cada disciplina académica se articula con la ayuda de un lenguaje denotativo específico.

Vygotsky siempre sospechó que los hechos (la materia del conocimiento) no se dejan agrupar de cualquier manera, sino sólo de algunas maneras: aquellas que les permiten encajar entre sí formando estructuras que, a su vez, se pueden integrar en teorías coherentes, o sea, en disciplinas. Cada disciplina no es, en el fondo, más que un lenguaje y una sintaxis de la realidad vista desde determinada perspectiva, porque la realidad sólo nos es accesible de esta forma, perspectivísticamente. Por eso es dudoso que podamos familiarizarnos con una disciplina sin un cierto dominio de su vocabulario. Por la misma razón es dudoso que podamos hacernos con un pensamiento teórico complejo sin un trato frecuente con varias disciplinas. Para alcanzar sus posibilidades más altas, el pensamiento debe familiarizarse con lo que podríamos llamar la alfabetización disciplinar.

Hay una enorme diferencia entre los conceptos teóricos de la ciencia (y, en general, entre el lenguaje denotativo) y los conceptos cotidianos de la experiencia personal (habitualmente cargados connotativamente). Nadie niega que las experiencias cotidianas de los niños sean importantes. Podemos –y debemos– obtener de ellas abundantes recursos didácticos, pero no deben ser el objeto final del currículo, porque no forman parte de ningún sistema. Por esta misma razón, como defiende Paul A. Kirschner, la epistemología de la práctica en un dominio científico no es una buena pedagogía para el aprendizaje escolar de dicho dominio.

Nuestra pretensión de ampliar los límites cognitivos de ese aprendiz que es el niño hasta los del experto adulto no significa que debamos tratar al niño como experto, sino que hemos de ponerlo en situaciones que, siendo coherentes con su desarrollo cognitivo, le permitan saber más, nombrar con más precisión, enfocar cada problema de la manera más adecuada y hacerlo de manera cada vez más rápida.

El experto es, sobre todo, experto en el encaje de los hechos en estructuras complejas. ¿Qué es lo que hace un maestro de ajedrez, sino ver en cada pieza posibilidades futuras de desarrollo y seleccionar las potencialmente más ventajosas? Ve las mismas piezas que el aprendiz, pero las entienden de manera muy distinta porque sabe utilizarlas en contextos más amplios. El cocinero experto ve la misma cebolla que el cocinero novato, pero la ve de forma distinta porque entiende mejor lo que puede hacer con ella. El médico experto ve en un paciente los mismos síntomas que el inexperto, pero sólo el primero es capaz de intuir en ellos un diagnóstico.

Los expertos ven en los hechos piezas de un puzle que encajan en hipótesis razonables y son capaces de desechar rápidamente las hipótesis menos ajustadas a los hechos.

Pongamos un ejemplo muy sencillo.

Si el profesor escribe en la pizarra «$3x = 21$», el aprendiz tiene que entender qué significa la «x» y el «=». El experto piensa inmediatamente en el número «7». La diferencia no es cuantitativa, sino cualitativa. El aprendiz necesita usar una parte importante de su memoria de trabajo para comprender esos signos. El experto entiende el lenguaje con el que le habla su disciplina. Ha adquirido amplios conocimientos que le permiten enfocar rápidamente la respuesta mientras el aprendiz intenta desentrañar la pregunta.

Los expertos captan con un golpe de vista lo relevante y lo irrelevante, aunque lo irrelevante sea más visible. Poseen la información contextual necesaria (a esta información podemos llamarla «contexto de aplicabilidad») para situar un texto en su contexto y, si se encuentran con dificultades, entienden la naturaleza exacta de las mismas y saben a dónde acudir en demanda de ayuda.

Si comprendemos la diferencia cualitativa existente entre el aprendiz y el experto, entenderemos también los riesgos inherentes a todo proyecto pedagógico cuyo centro sea animar a los alumnos a construir su propio significado a partir de sus experiencias. Es obvio que hemos de fomentar el espíritu investigador de los alumnos, pero no debiéramos esperar que viendo caer una manzana capten las leyes de Newton o que viendo jugar al fútbol a unos niños entiendan la dinámica de las esferas celestes (que es lo que animó a Nicolás de Cusa a escribir *De ludo globi*). Un alumno de primaria o de secundaria no es un científico, no es un experto; carece de contextos en los que integrar explicativamente un experimento. Por eso la pedagogía no puede confundirse con la epistemología. Una cosa es la concepción epistemológica de la ciencia como indagación y otra cosa enseñar la ciencia por indagación.

Se dice con frecuencia que todo niño es un científico en potencia. En potencia un niño es un gran número de cosas. Tan en potencia es un científico como un ignorante. Para que pueda llegar a ser un científico hay que ayudarle a transitar por la condición de aprendiz en su camino hacia el conocimiento experto. El niño está muy lejos de ser un científico objetivo e imparcial, porque sus contextos no son ni una cosa ni la otra.

La base epistemológica de las ciencias naturales no puede confundirse con la base pedagógica para la enseñanza de las ciencias naturales.

Los alumnos no hacen ciencia. Aprenden ciencia mientras se van dotando de un vocabulario curricular. Los científicos intentan ir más allá de los límites heredados de su disciplina; los estudiantes intentan aprender los temas básicos de esa disciplina. Podemos decir algo más: la mayor parte de lo que un científico sabe sobre su disciplina le fue enseñado. No lo ha experimentado personalmente. Es un saber transmitido, no construido.

A MODO DE CONCLUSIÓN

El 20 de agosto del 2025 la OCDE publicó las que llamó «Claves para una enseñanza de calidad». Debo advertir que no voy precisamente sobrado de confianza con las instituciones educativas internacionales. El propio Andreas Schleicher, director de las pruebas PISA, que en el 2018 nos aseguraba que el nombre de Finlandia se había convertido en sinónimo de excelencia en educación, en el 2023 declaraba al *Financial Times*: «No sabemos si Finlandia ha sido parte de la solución o parte del problema». Añado que hace unos meses asistí a una conferencia de prensa de una ministra de educación de un país centroamericano que había sido una alta directiva de la UNESCO. La mujer no tuvo ningún inconveniente en afirmar con rotundidad que «los contenidos han dejado de ser importantes. ¿Por qué estudiar, por ejemplo, los planetas, si cambian cada año? ¡Lo que hay que estudiar es el influjo de los planetas en nuestras vidas!» Unos días después me entrevisté con ella en su despacho. Le pregunté si debía felicitarla, ya que su país estaba considerado por la OCDE como uno de los más equitativos del mundo. «¡Pero si tenemos unos resultados bajísimos!», me contestó. «Sí, son bajísimos, pero uniformes». Y era cierto. El 75% de los alumnos de ese país se encuentran en las dos franjas inferiores de los resultados de PISA.

Vamos a las «Claves para una enseñanza de calidad» de la OCDE (la sintaxis torturada es de su exclusiva responsabilidad).

La primera es «asegurar el compromiso cognitivo», lo que implicaría la creación de «las condiciones para que los estudiantes presenten un esfuerzo suficiente y sostenido que les permita persistir en la comprensión de una idea compleja o la solución de problemas desafiantes y no estructurados». Para que esta clave sea efectiva, los docentes deben procurar «niveles adecuados de desafío», incorporando «contextos significativos y conexiones con el mundo real», facilitando «oportunidades para que los estudiantes puedan experimentar por sí mismos» y proporcionando múltiples enfoques y representaciones que fomenten «la metacognición». Uno lee con paciencia esta pesada prosa y, cuando cree que ya está curado de espantos, se encuentra con esa sorpresa: «El compromiso cognitivo puede parecer enigmático, ya que es difícil de observar». ¿Se imaginan que un periódico eligiera los cinco mejores restaurantes de Barcelona y, después de poner en primer lugar uno de ellos, añadiera que su calidad «es enigmática y difícil de observar?»

La segunda clave consiste en «elaborar contenidos disciplinarios de calidad», pero se apunta que esta tarea no es fácil, debido a «la complejidad de elaborar contenidos disciplinarios de calidad».

La tercera es «proporcionar apoyo socioemocional», pero también esta clave se caracteriza por su «complejidad».

Sigamos. La cuarta es «fomentar la interacción en el aula» mediante «preguntas y respuestas», pero hay que tener presente «la complejidad» del reto.

La quinta y última, «utilizar la evaluación formativa y la retroalimentación», que es una tarea «compleja», especialmente «en aulas grandes y diversas».

El seguimiento de estas claves sería, pese a su enigmática complejidad, la manera de avanzar «hacia una enseñanza más fundamentada en evidencia», porque «las prácticas examinadas han mostrado un impacto causal sobre los resultados cognitivos y no cognitivos de los alumnos». Pero la OCDE cree que se necesita más «investigación adicional», porque «una enseñanza de calidad no depende sólo del profesor. Factores como el tamaño de la clase, el diseño curricular y el clima escolar general tienen un papel crucial a la hora de determinar qué tipo de prácticas puede realizar el docente en el aula».

Es de agradecer la referencia que se hace al esfuerzo del alumno y a los «contenidos disciplinarios de calidad». En mi opinión, no hay sustituto tecnológico para los codos y cada vez parece más notorio que el discurso competencial está agotado y que hay que devolver a la centralidad del currículo.

La realidad es, efectivamente, compleja y los gestores educativos no parecen especialmente avispados, pero no tenemos derecho al pesimismo. Hemos de desarrollar una cultura pedagógica de prácticas reflexivas que permita aprender de la propia experiencia, de los aciertos y de los desaciertos. Esto es, en verdad, lo que importa. Debemos afinar nuestra capacidad para detectar problemas en nuestro centro y buscar soluciones porque, como decía recientemente Pamela Snow, «los niños necesitan maestros que se comporten como los adultos en las aulas».

DESPEDIDA «INCOMPETENCIAL»

Simone Weil contaba este cuento hindú: un asceta que ha pasado catorce años en la más completa soledad va a visitar a su familia. Uno de sus hermanos le pregunta qué ha conseguido con su ascetismo y él le muestra que puede caminar sobre las aguas. El hermano llama a un barquero y por una moneda pasa de una orilla a otra. «¿Valen la pena catorce años de ascetismo para conseguir hacer algo que vale una moneda?», le pregunta. ¿Adivinan ustedes cuál de los dos ha recibido una educación competencial?

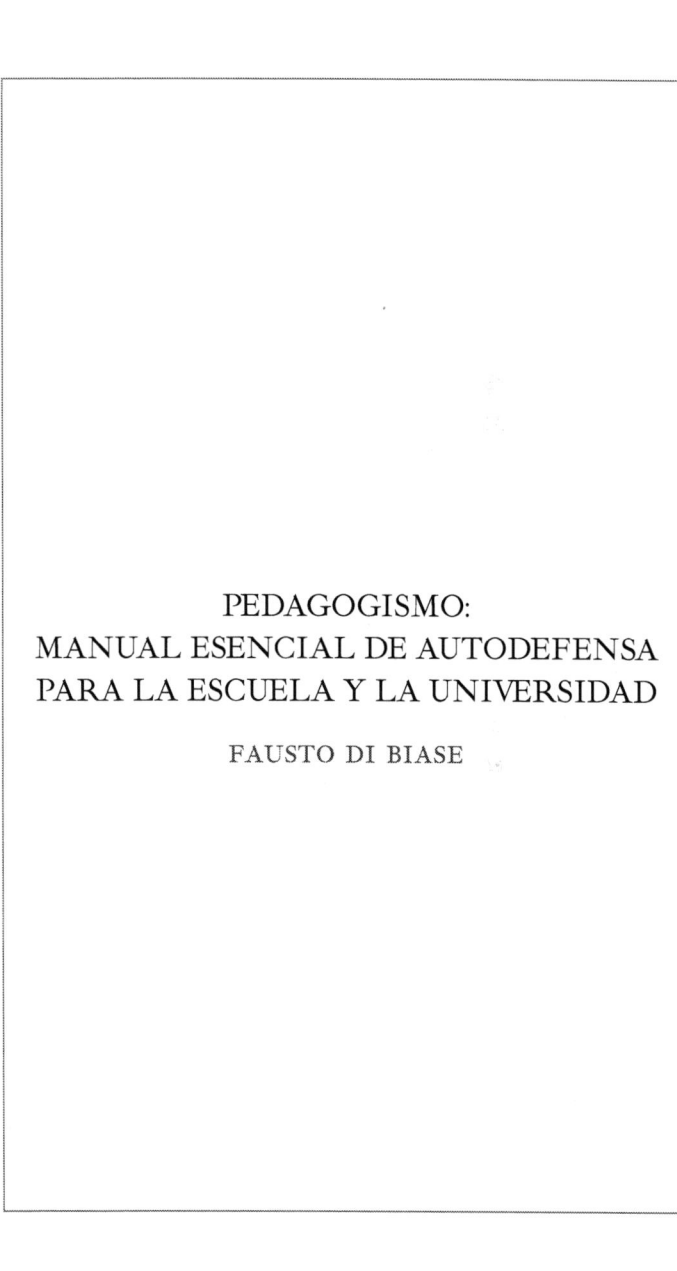

PEDAGOGISMO:
MANUAL ESENCIAL DE AUTODEFENSA
PARA LA ESCUELA Y LA UNIVERSIDAD

FAUSTO DI BIASE

INTRODUCCIÓN

Son cada vez más numerosas las señales que advierten del intento de importar a Italia las ideas, los eslóganes y las prácticas del pedagogismo moderno, en la versión que domina ya la disciplina, también conocida como «pedagogía progresiva» (se llamaba «didáctica activa» en tiempos de Gramsci, que lo motejó de engaño y alertó que llevaría de una sociedad dividida en clases a una dividida en castas).

El intento causa alarma porque, si tuviera éxito, los resultados serían nefastos para la salvaguardia de la escasa funcionalidad que aún se conserva en las aulas universitarias, tal como lo ha sido para la eficiencia de la escuela primaria y secundaria en los Estados Unidos y en todas partes donde ha sido introducido, Italia incluida.

En estas páginas describiremos las ideas fundantes, los eslóganes y las prácticas del pedagogismo moderno para saber reconocerlo en las señales, que también serán indicadas, que preludian su irrupción en la enseñanza universitaria, con la esperanza de que al reconocimiento le siga un rechazo.

RACIONALIDAD DIALÓGICA, DOGMATISMO Y PSICOSIS

Al preparar esta contribución, hemos tenido como brújula esa *racionalidad dialógica* que Marino Badiale y Massimo Bontempelli han descrito como uno de los dones de la civilización occidental al mundo (y cuya existencia hoy incluso los especialistas parecen haber olvidado). En su ejercicio, se considera racional aquello que «se argumenta de forma pública para someterse al control de otras argumentaciones que lo confirmen o lo desmientan»[1].

El «control de otras argumentaciones» que «confirmen o desmientan lo que es argumentado en forma pública» puede ocurrir por vía teórica (poniendo de relieve, por ejemplo, una antinomia interna en lo que ha

---

[1]   M. Badiale e M. Bontempelli. *Civiltà occidentale. Un'apologia contro la barbarie che viene.* Il Canneto Editore, 2012.

sido argumentado) o mediante la confrontación de las percepciones fenoménicas. El rechazo de la racionalidad dialógica conduce al dogmatismo, que adquiere contornos psicóticos si, al rechazar una sana relación entre las ideas del propio mundo mental y las percepciones fenoménicas, se protege a aquellas de la posible falsificación que podría ser operada por estas. Esta psicosis latente es más o menos declarada dependiendo de la fuerza con la que luego se pretenda adoptar esas ideas como instrumento para comprender el mundo y operar activamente en él. Por lo tanto, sin *adaequatio rei et intellectus* y racionalidad dialógica no hay conocimiento, sino dogmatismo y psicosis: como veremos, los pedagogos que se han impuesto en la escena generalmente rechazan la confrontación de las ideas con las percepciones fenoménicas, es decir, rechazan el método experimental en su acepción más amplia y la racionalidad dialógica: han asumido, por tanto, una postura psicótica y dogmática[2].

---

[2] Si en las escuelas se permite a los alumnos sumergirse en fantasías de identificación con un animal, estas ya no son un lugar donde se cultiva el conocimiento, sino precisamente un ambiente propicio a la psicosis: youtu.be/dUEexyJeRdY?feature=shared/,www.telegraph.co.uk/news/2023/06/20/rye-college-children-neo-pronouns-cats-moons-rishi-sunak/

Confirma la desaparición virtual del conocimiento de las escuelas primarias y secundarias estadounidenses el estudio titulado *A Nation at Risk: The Imperative for Educational Reform*, publicado en 1983 a cargo de la *United States National Commission on Excellence in Education*[3], donde, como testimonio de lo nefasto que ha sido el pedagogismo moderno para la funcionalidad de la escuela primaria y secundaria en los Estados Unidos (donde quizá primero ha conformado el sistema escolar), se leen estas palabras: «Si una potencia extranjera enemiga hubiera intentado imponer a América los mediocres resultados educativos actuales, ciertamente lo habríamos considerado un acto de guerra».

Los Estados Unidos son el lugar donde, por el impulso inicial de algunos pensadores europeos que catalizaron la formación de la estructura ideológica de la modernidad[4], las ideas del pedagogismo encontraron un terreno fértil para crecer y revivir, se forjaron sus eslóganes, se idearon sus prácticas y se aplicaron sin remordimiento *in corpore*

---

[3] D.P. Gardner *et al*, *A Nation At Risk: The Imperative for Education Reform. An open letter to the American People. A Report to the Nation and the Secretary of Education.* National Commission On Excellence in Education, Washington DC, 1983, p. 5.

[4] J.-J. Rousseau (1712-1778) y H. Spencer (1820-1903) *in primis*.

vili a los estudiantes de las escuelas primarias y secundarias, para luego ser reexportadas a otros países, incluido el nuestro, donde han producido resultados no menos desafortunados. En Italia, la importación de esas ideas y eslóganes y la aplicación de tales prácticas se aceleró a partir de 1996 aproximadamente, año en que Luigi Berlinguer se convirtió en ministro de Instrucción Pública y

> grupos de pedagogos hasta entonces al margen de los poderes universitarios ven abrirse de par en par las puertas a la difusión en las escuelas de su jerga, de sus documentos, de sus indicaciones metodológicas, en acuerdo con los grupos de experimentadores ya presentes aquí y allá en las escuelas, que ahora se comportan como berlinguerianos *avant-la-lettre*[5].

Tal vez el ejemplo más evidente y, al mismo tiempo, más dramático y grotesco, de los daños causados por el pedagogismo moderno es el del «método holístico» para el aprendizaje de la escritura, que examinaremos en el próximo capítulo y que será también una forma de comenzar a describir las ideas fundamentales, los eslóganes y las prácticas de este movimiento.

---

[5]   M. Bontempelli, F. Bentivoglio. *Capitalismo globalizzato e scuola: Per un'idea regolativa di scuola pubblica nazionale* (seconda edizione). Indipendenza - Editore Francesco Labonia, Roma, 2019, pp. 97-98.

LA PEDAGOGÍA NATURALISTA

Ofreceremos una breve descripción del método holístico para el aprendizaje de la escritura tomando un fragmento de un buen libro de Paolo Di Remigio:

> En el mundo anglosajón de los años 80 y 90, la pedagogía naturalista, ignorando groseramente lo artificial de la escritura, adoptó finalmente [el «método holístico»] para el aprendizaje de la escritura. Este consistía en evitar a los niños la memorización de las correspondencias entre grafemas y fonemas, en colocarlos entre hojas, cuadernos y libros estampados para que se despertara en ellos el instinto de lectura y escritura, con la esperanza de que alcanzaran la habilidad lectora adivinando los significados de las palabras a partir del contexto. En esencia, se quería eliminar el trabajo de memorización y, aprovechando un hipotético *appetitus scribendi*, se quería sustituir con el juego de las adivinanzas, de modo que los niños pudieran aprender espontáneamente la lengua escrita como si fuera lengua oral[6].

El ejemplo del método holístico contiene *in nuce* muchas de las ideas del pedagogismo moderno y del terreno ideológico en el que se han encastrado y del cual nacen sus

---

[6]   P. Di Remigio. *La pedagogia naturalistica e i suoi problemi*. La Petite Plaisance, Pistoia, 2024.

efectos devastadores en la instrucción de los jóvenes. Un primer elemento teórico del pedagogismo moderno, que se encuentra de lleno en el método holístico, es

> la creencia de que la instrucción es un proceso natural con sus formas y sus tiempos innatos variables para cada niño, y que es más eficaz si está conectada con fines y contextos naturales, propios de la vida real. El naturalismo presume que la mejor manera de aprender es la que sigue y favorece este proceso evolutivo inmanente y realista. Se cree que la didáctica, en contraste con este proceso natural, es o ineficaz o espiritualmente dañina[7].

La creencia que hemos descrito lleva el nombre de *naturalismo pedagógico* y es uno de los ejes del marco ideológico del pedagogismo moderno. En particular, induce a ignorar que, mientras el aprendizaje de la lengua oral resulta de la evolución y tiene lugar sin la intervención consciente del sujeto, sino que se basa sólo en su inserción en una comunidad de hablantes, la lengua escrita es una creación cultural consciente y se aprende únicamente gracias a un entrenamiento cuidadoso, imposible sin el compromiso consciente del sujeto. Este

---

[7]   E.D. Hirsch, Jr. *Le Scuole di cui abbiamo bisogno e perché non le abbiamo*. Petite Plaisance, Pistoia, 2024.

es el legado de una experiencia cultural milenaria que, sin embargo, no se ha inscrito en nuestro código genético, como es fácil verificar si atendemos a la realidad fenoménica: sin el mencionado entrenamiento, los jóvenes no aprenden a sostener correctamente el bolígrafo y a escribir las letras del alfabeto de modo que sean reconocibles, y la explosión de estos casos resulta precisamente del naturalismo pedagógico, el cual, a la espera de que el discente redescubra, con sus «tiempos innatos, variables para cada niño», cómo escribir las letras del alfabeto, se condena a asistir al fenómeno del número anormal y creciente de casos en los que los niños nunca aprenden a hacerlo. Ignorar estos hechos evidentes es señal de una separación de la evidencia fenoménica que, a su vez, delata una postura *psicótica* y una actitud *dogmática*, tanto que E.D. Hirsch, Jr., en su libro[8] sobre el pedagogismo moderno y sus efectos en la degradación de la escuela primaria y secundaria estadounidense, cuya primera edición se remonta a 1996, y del cual hemos citado el fragmento anterior, habla de *ortodoxia* y escribe que los pedagogos viven en un *mundo imaginario* impermeable a la evidencia fenoménica (la cursiva es mía).

---

[8]   E.D. Hirsch, Jr. *The Schools We Need and Why We Don't Have Them*. Doubleday, New York, 1996.

¿Cuáles son las pruebas a favor o en contra de la premisa de que aprender a leer es un proceso natural análogo a aprender a hablar? La prueba más impresionante contra la naturalidad del leer es el hecho bruto de que el alfabetismo es extremadamente raro entre las culturas históricas del mundo, mientras que el lenguaje oral es universal. Aunque prueba con seguridad y evidencia que el alfabetismo no es un aprendizaje natural análogo a la adquisición del lenguaje oral, esto deja aún abierta la cuestión de si el enfoque más eficaz para lograr la alfabetización es naturalista o no naturalista. Para la mayoría de los investigadores sobre alfabetización, la respuesta se ha vuelto hoy clara. Un enfoque no naturalista, incluida la instrucción directa en las correspondencias entre sonido y letra, es con mucho el enfoque más eficaz para la enseñanza de la escritura. Sin quererlo, el Estado de California ofreció una amplia confirmación de la investigación científica sobre el naturalismo pedagógico cuando impuso que la enseñanza de la lectura se llevara a cabo con el planteamiento de lenguaje entero: en la investigación nacional siguiente, California se hundió en los últimos puestos de las clasificaciones de lectura.

Es tan poderosa la *ortodoxia naturalista* que incluso las matemáticas, en las cuales los alumnos estadounidenses obtienen las puntuaciones más bajas de todos en las comparaciones internacionales, deben ser enseñadas con métodos naturalistas, tales como los proyectos integrados y el método pragmático del descubrimiento. Así como en el caso de la lectura se considera dañino someter al niño al tedioso proceso de las correspondencias aprendidas directamente entre letras y sonidos, así en las matemáticas se valora como perjudicial someter a los niños al proceso de «repetición y mortificación» de memorizar tantas cuestiones de la suma, la resta y la multiplicación. No, dicen los expertos estadounidenses, los niños aprenderán mejor si descubren por sí mismos, naturalmente, las verdades de las matemáticas, resolviendo problemas matemáticos del «mundo real» cuando estén evolutivamente preparados para resolverlos. El profesor David Geary, en una serie importante de estudios, ha mostrado que los supuestos psicológicos y evolutivos detrás de estos dogmas naturalistas son erróneos en matemáticas como lo son en la lectura, y conducen a resultados igualmente desastrosos. Es difícil decidir qué dogma es más dañino, si el formalismo o el naturalismo. Combinados, son letales para la instrucción efectiva, y continuarán produciendo efectos nocivos, mientras no se les haga frente y con fuerza por un público informado[9].

Estas palabras nos llevan a hablar de otro eje del marco ideológico del moderno pedagogismo, el llamado *formalismo*, que describiremos en breve.

---

[9]   *Idem.*

Querría recordar a este respecto las palabras que dedicó al naturalismo pedagógico un matemático que fue también un excelente divulgador, Lucio Lombardo Radice: en 1958, en el contexto de una reflexión sobre el pensamiento de María Montessori, replicó a quienes creen que el niño

> aprende por su propia actividad, asumiendo la cultura del «ambiente» y no del maestro [con la guía de] leyes interiores de formación mental, [de] leyes cósmicas que lo conducen inconscientemente, [y de un] misterioso querer que dirige su formación[10].

Lucio Lombardo Radice sostiene que, por el contrario,

1. El camino de la asimilación directa del ambiente (la vía espontánea) no conduce a progresos sustanciales; el elemento consciente, es decir, la intervención del maestro, la explicación, la lección, debe ser el centro del desarrollo cultural del niño.

2. La investigación de las leyes de desarrollo de un fenómeno, el descubrimiento de la correlación íntima entre fenómenos diferentes y distantes, la comprensión de la realidad como movimiento y general interconexión: he aquí algo que el

---

[10] L. Lombardo Radice. *L'uomo del Rinascimento*. Editori Riuniti, Roma, 1958.

niño no encuentra en sí mismo, que le debe ser dado desde fuera; no por el ambiente de manera natural, sino por el hombre, por el maestro, de manera consciente.

3. Creemos que nunca es correcto hablar de «leyes interiores de formación mental» del niño, de «leyes cósmicas que lo conducen inconscientemente», de un «misterioso querer que dirige su formación».

Lucio Lombardo Radice continúa observando que

de absolutamente instintivo en el desarrollo del niño, incluso del infante, hay realmente muy poco: el deseo de satisfacer las necesidades más elementales y nada más [...] incluso la diferenciación de la función de la mano de la del pie y la postura erecta no son consecuencias del desarrollo natural, sino resultado de la educación. Lo ha demostrado, por ejemplo, el caso interesantísimo de las dos «niñas-lobo» indias que, viviendo en una manada de lobos desde la más tierna infancia, no habían aprendido nunca a caminar, sino que corrían apoyándose en los codos y en las rodillas. Dejando hacer a la naturaleza, a las «leyes cósmicas», al «misterioso querer», no tendremos ni a Tarzán ni a Mowgli, semidioses selváticos, sino −precisamente− a las niñas-lobo que no saben siquiera caminar o al «salvaje de Aveyron», mudo e idiota, cuidado por Itard.

Añadamos ahora otro dato fenoménico –que ilustra dramáticamente los daños infligidos por la pedagogía naturalista y la degradación de la escuela primaria y secundaria en Italia–, presente en la *Relación sobre la administración de justicia en el año 2021*, leída por Pietro Curzio, primer presidente de la Corte de Casación, el 21 de enero de 2022, con ocasión de la inauguración del año judicial[11]. En su discurso, Pietro Curzio, después de haber señalado la dramática carencia de magistrados, con una falta de efectivos (ya de por sí insuficientes) superior a 1300 unidades que será cubierta sólo en parte y en un plazo no breve con la oposición en curso y la apenas iniciada, y la no menos dramática dificultad para cubrirla con los concursos de oposiciones, observa lo siguiente:

> Las últimas experiencias concursales muestran, por lo demás, una constante dificultad para cubrir todos los puestos convocados, haciendo surgir la duda razonable de que muchos cursos universitarios no logran proporcionar lo básico para la superación del concurso. Y la duda se extiende a la oportunidad de mantener el concurso de segundo grado, que implica una serie de actividades posteriores a la licenciatura magistral que, además de alargar los tiempos, retrasan la edad de los candidatos

---

[11] Curzio, P. *Relazione sull'amministrazione della giustizia nell'anno 2021*, Cangemi Editore, Roma, 2022.

introduciendo injustos mecanismos de selección rentística, sin que probablemente mejore la calidad de la preparación, o quizás incluso insertando una barrera entre los años de estudio universitario y el concurso, con el efecto de perder parte del saber adquirido. Incluso remontándonos más atrás, emerge un problema de calidad de la escritura. El profesor Luca Serianni ha explicado por qué en la formación escolar deben defenderse tenazmente las tareas de italiano y en general las pruebas escritas; me permito subrayar la importancia del «resumen», para estimular esa capacidad de síntesis que el código de procedimiento exige para que las sentencias sean claras y concisas.

La queja del alto magistrado sobre la «calidad de la escritura» y su énfasis en la «importancia del "resumen"» debe relacionarse con el siguiente fragmento de Giorgio Israel, porque juntos confirman que, a pesar del fracaso del naturalismo pedagógico, este continúa siendo el eje de la estructura ideológica del pedagogismo y sus prácticas (corroborando así un distanciamiento psicótico de la evidencia fenoménica).

Debo confesarlo: a mi ya no tan temprana edad, he comprendido finalmente la importancia de hacer los «palotes» en el primer ciclo de primaria. «Hacer palotes» —es decir, pasar días y días trazando segmentos en páginas y páginas de cuaderno— evoca algo que hoy es desconocido para la mayoría. He leído recientemente un artículo en una revista pedagógica en el que se explicaba que esta aburridísima actividad era necesaria hace medio siglo porque los niños llegaban a primaria sin saber sostener ni el lápiz ni la pluma en la mano; mientras que hoy... hoy, excepto los alumnos con «dificultades particulares», todos los niños garabatean desde pequeños, dibujan aquí y allá, manipulan la plastilina y, por lo tanto, llegan a la escuela sin aquellos problemas que imponían la práctica de los palotes. La ignorancia presuntuosa y la estupidez que subyace a la idea según la cual garabatear o incluso manipular plastilina constituirían una base para la escritura salta a la vista por sí misma; pero he comprendido plenamente su alcance sólo cuando he visto a un niño de seis años intentar escribir las letras del alfabeto. Tenía que escribir una «m» y procedió primero dibujando de izquierda a derecha un primer trazo curvado y luego, junto a él, a la derecha, un segundo trazo curvado dibujado de derecha a izquierda. Huelga decir que sostenía el lápiz como una pala.

— ¿Cómo te enseñaron a escribir la «m» en la escuela?
— La maestra la escribió en la pizarra y nos dijo que la copiáramos.

Dijo que «copiaran»... Como si se tratara de reproducir un dibujo y no de trazar un signo alfabético. Como si el propósito final no fuera aprender a escribir de izquierda a derecha (al menos en nuestro alfabeto) con fluidez y continuidad y, por lo tanto, trazar cada signo de modo que luego pueda encadenarse con otros signos que, todos juntos, deben componer una palabra. Para nuestra maestra, como para nuestro estúpido pedagogo, escribir es lo mismo que dibujar, garabatear o manipular objetos. Naturalmente, y en perfecta coherencia con esta «visión», a nadie se le había ocurrido enseñar al niño a sostener el lápiz en la mano. Muchos maestros ya no andan entre los pupitres controlando cómo escriben los niños, corrigiéndolos activamente, tal vez guiándoles la mano, porque se trataría de una actitud impositiva y represora de la espontaneidad. Desde el momento en que tuve la experiencia anterior, he adquirido una manía molesta, la de ir a ver cómo sostienen el boli todos los niños o jóvenes que me encuentro, hijos de amigos, estudiantes de todas las edades. El resultado es sobrecogedor: muy pocos sostienen el boli correctamente. He realizado esta investigación también con algunos jóvenes presentes en una charla mía sobre la escuela. Una chica me confesó que le dolía la muñeca después de escribir apenas durante unos diez minutos. Le expliqué lo que es el famoso calambre del escribiente, que persigue incluso a quien sostiene correctamente el boli, después de varias horas de escritura: imagínense a quien lo sostiene mal y se ve obligado a avanzar penosamente sobre el folio.

¿Qué enseñan estas experiencias? Que ciertos pedagogos y muchos maestros influenciados o condicionados por ellos —porque debe quedar muy claro que los maestros son los menos culpables en este asunto, la mayor culpa es la de los «malos maestros», que incluso han predicado que ya no hay que controlar la ortografía– ya no saben ni remotamente qué es escribir. No saben que escribir es algo conceptual y prácticamente diferente de cualquier otra forma de manualidad, y ya ni siquiera son capaces de entender la diferencia entre garabatear y escribir. Fijaos bien en esto: afirmar que quien está acostumbrado a garabatear sabe sostener por ello mismo el boli para escribir revela una ignorancia abismal, imperdonable en quien se arroga la tarea de organizar los procesos educativos. Sería como decir que quien corre por el campo adquiere las facultades para hacer atletismo. Saltar no enseña a hacer salto de altura o de longitud. De hecho, el salto espontáneo es frontal, pero todos saben que, para superar obstáculos elevados, es necesario ejecutar el salto de maneras totalmente «antinaturales», en particular el salto de espalda. Un rendimiento técnico efectivo puede requerir comportamientos contrarios a los espontáneos. Pulsar al azar las teclas de un piano no sirve para aprender a tocarlo: al contrario, puede determinar posiciones erróneas y defectos irremediables, porque las manos deben mantenerse sobre el teclado de una manera muy precisa, que inicialmente es constrictiva y fatigosa, pero es la única que permite precisión, velocidad y control completo de la presión de las teclas. Una persona que sostenga un violín de manera espontánea y «natural», es decir, con la mano izquierda, no podrá nunca, jamás, llegar a tocarlo decentemente. Del mismo modo, agarrar al azar un lápiz no sirve de nada para aprender a escribir, puede incluso conllevar defectos difíciles de erradicar. Este es un pequeño pero iluminador panorama de la escuela hoy. Ha caído en manos de personas que ya no saben que la caligrafía es una técnica, es más, una técnica sabia y sofisticada, perfeccionada a lo largo de los siglos, y no una imposición represiva[12].

El fenómeno *cultural* que hemos descrito, debido a los cambios en la forma de plantear la enseñanza de la escritura en las escuelas primarias, es conocido ahora con el nombre de *disgrafía* y ha sido atribuido, en cambio, a un origen orgánico. Los casos de disgrafía están en «vertiginoso aumento», y según los datos del Ministerio: «[en un plazo de siete años, desde 2010-2011 hasta 2017-2018] las certificaciones de disgrafía pasaron de 30.000 a 79.000, con un crecimiento del 163,4%»[13].

Atribuir los efectos dramáticos de determinadas ideas de la pedagogía dominante a causas orgánicas, por un lado, implica alinearse con el naturalismo pedagógico (si

---

[12]   G. Israel. *Chi sono i nemici della scienza? Riflessioni su un disastro educativo e culturale e un campionario di malascienza.* Lindau, 2008.

[13]   MIUR Gestione Patrimonio Informativo e Statistica. *I principali dati relativi agli alunni con DSA Giugno 2019.* https://www.mim.gov. it/-/scuola-pubblicati-i-dati-sugli-alunni-con-disturbi-specifici-dell-apprendimento

creemos que el discente aprende mediante un proceso natural, es forzoso creer que si no aprende la razón debe atribuirse a causas orgánicas) y, por otro lado, revela, dado que pocos parecen percatarse de lo falaz e inaceptable tanto de las premisas (el naturalismo pedagógico) como de las conclusiones (una escuela que ya no enseña a leer, escribir y contar), que debe haber un prejuicio profundo en el marco ideológico que define la modernidad, una especie de filtro óptico del que ya no somos conscientes, que hace aceptables las premisas y tolerables las conclusiones. El carácter dogmático de la hipótesis naturalista sobre la etiología de la disgrafía se revela de modo claro y distinto en un documento del Instituto Superior de Sanidad, donde se admite que

aunque existe un acuerdo general sobre su origen neurobiológico, no tenemos hasta hoy marcadores biológicos confiables para su identificación y, consecuentemente, para el diagnóstico[14].

¿De dónde, por favor, deriva el «acuerdo general sobre el [...] origen neurobiológico [de la disgrafía]», si no es de una suposición dogmática que no ha encontrado respaldos «biológicos», según admiten los mismos autores

---

[14] Sistema nazionale linee guida dell'istituto superiore di sanità. *Linea Guida sulla gestione dei Disturbi Specifici dell'Apprendimento. Aggiornamento e integrazioni.* 2021.

del documento? De por sí no hay nada malo en formular hipótesis (que son puntos de partida del discurso, pero no deben asumir un carácter dogmático) a condición de que uno esté preparado para abandonarlas en ausencia de apoyos fenoménicos. ¿Qué ha conducido a los especialistas a esta obstinación dogmática? Realmente no es posible comprender el naturalismo pedagógico, como fenómeno cultural, sin entender que la búsqueda de una causa orgánica para un fenómeno cultural es un prejuicio profundo de la cultura moderna que nos es tan familiar que ha devenido invisible. Para comprender cuál es este prejuicio profundo y cómo hemos llegado a abrazarlo inconscientemente, conviene abrir un breve paréntesis.

EL MARCO IDEOLÓGICO DE LA MODERNIDAD

He sostenido en otro lugar[15] que el prejuicio profundo de la cultura moderna, que nos induce a buscar causas orgánicas a fenómenos culturales, es atribuible a la opción monista que Hans Kelsen describe diciendo que

[15] www.diariodidirittopubblico.it/linsegnamento-della-matematica-ai-tempi-della-pedagogia-progressiva (27 giugno 2023). Cf. «L'insegnamento della matematica ai tempi della pedagogia progressiva». In: *Per una scuola che torni a essere scuola* (a cura di E. Frezza). Il Cerchio 2024.

«la sociedad es vista como parte de la naturaleza»[16], una visión que caracteriza a la modernidad y está basada en un deslizamiento de significado del término *naturaleza*. En resumen, se trata del paso desde la condición premoderna –en la que la sociedad es vista lúcidamente como expresión de la creatividad humana (que tiene como centro el lenguaje) y es gobernada por leyes humanas bajo el *principio de imputación* (que conecta delito y castigo dentro de un marco normativo establecido por una comunidad), y donde la naturaleza es juzgada como parte de la sociedad (siendo una naturaleza *animista* en la que los elementos tienen una autonomía de decisión propia y pueden vengarse al igual que los seres humanos)– a la condición moderna, donde la naturaleza ya no es animista sino *mecanicista* (es decir, es vista como gobernada por el *principio de causalidad*, según leyes propias, necesarias e ineludibles) y la sociedad, que comprende al ser humano en el sentido más amplio del término, es ahora considerada como *parte de la naturaleza*. Ver la sociedad y nuestra humanidad como parte de una naturaleza entendida mecanicistamente, gobernada por *leyes naturales* ineludibles e intrínsecas a ella, ha producido un movimiento de progresiva erosión de

---

[16]   H. Kelsen. *On Society and Nature. A Sociological Inquiry.* The University of Chicago Press, 1943; – *Pure Theory of Law.* University of California Press, Berkeley and Los Angeles, 1967.

nuestra humanidad, porque ha conducido, por un lado, a la progresiva anulación del espacio reservado al derecho (es decir, a la política vista como elección y responsabilidad) y, por otro, a la mortificación del lenguaje, el cual, de lugar de expresión de la racionalidad dialógica, se ha degradado a lugar de manipulación del consenso. Más precisamente, la mencionada mortificación resulta, en primer lugar, de la concepción dogmática de la tarea científica, acometida por lo que Husserl llama la «restricción positivista de la idea de ciencia», es decir, la «reducción positivista de la idea de ciencia a mera ciencia de hechos», con la aneja «decapitación de la filosofía»[17] y, en un segundo momento, de la ulterior degradación operada por el pragmatismo, que, para prolongar la formulación de Husserl, ha pasado de una *ciencia de hechos* a *hechos sin ciencia*, esto es, a un puro operar que ya ni siquiera tiene nostalgia de la noción de verdad, hasta el punto de que, contento y satisfecho con la noción de *utilidad* –que es perfectamente maleable, tanto que, al responder a la ineludible pregunta de quiénes deben ser los beneficiarios de esta «utilidad», se abre de par en par la puerta al arbitrio y al abuso– llega a comparar la circulación de las ideas con la de los billetes, que permiten

---

[17]   E. Husserl. *The Crisis of European Sciences and Transcendental Phenomenology*. Northwestern University Press, Evanston, 1970, pp. 6-7.

el intercambio de bienes no por su valor intrínseco, sino porque son socialmente aceptados[18].

El naturalismo pedagógico ha sobrevivido a sus fracasos precisamente porque sus presupuestos han penetrado entretanto en nuestra época, donde se pretende que sólo los datos biofísicos, bioquímicos, biomoleculares o genéticos, regidos por leyes necesarias en tanto que naturales, tienen dignidad ontológica para el ser humano. En esta concepción monista no hay espacio para elecciones autónomas, expresión de la voluntad humana y de su libertad: el hombre es un animal gobernado por «leyes [naturales] de la conducta humana», como escribe Hermann Heinrich Gossen[19], y la posesión de estas leyes permite a quien las conoce manipularlo, como se hace en el mundo de la naturaleza con los últimos avances de la técnica. La concepción monista que caracteriza a la modernidad hiere, pues, la creatividad humana, que es el

---

[18]   W. James. *Pragmatism. A New Name for Some Old Ways of Thinking.* Longmans Green, New York, 1907, p. 207.

[19]   H.H. Gossen. *Entwickelung der Gesetze des menschlichen Verkehrs, und der daraus fließenden Regeln für menschliches Handeln,* Friedrich Vieweg & Sohn, Braunschweig, 1854. En una concepción semejante de la sociedad, cualquier hipótesis de que ciertos fenómenos resultan de la acción concertada de alguna parte social dominante, que así expresa su precisa voluntad, es generalmente vista con intolerancia y tachada de «teoría de la conspiración», porque se la considera afín a la idea de que las manecillas de un reloj estén «conspirando» para marcar la hora.

baricentro mismo de ese triángulo ideal –cuyos vértices son lenguaje, derecho y sociabilidad– en el que podríamos, queriendo delinear, representar la cultura humana. El delirio de manipulación del hombre es corolario de este monismo, donde el hombre es concebido en última instancia nada más que como un animal, y *animal non agit, agitur*, para usar la expresión cartesiana[20]. El carácter íntimamente contradictorio y erosivo de nuestra humanidad debería ser evidente, si no fuera por el hecho de que vivimos inmersos desde hace tiempo en esta condición, y nada es más invisible que lo que nos es familiar.

Retomaremos en un momento el discurso sobre el marco ideológico de la modernidad.

TRASTORNOS ESPECÍFICOS DE LA ENSEÑANZA

El naturalismo pedagógico manifiesta, por tanto, la reducción de la que habla Kelsen. En este punto no debe sorprender que, junto a la *disgrafía*, se hayan inventado también otras palabras que aluden a un trastorno *orgánico*

---

[20]   E. Bencivenga. *Meditazioni metafisiche: Contro Cartesio e in nome di una cagna gravida.* Guida Editori, Napoli, 2023.

para indicar el resultado de los cambios inducidos por el naturalismo pedagógico en la forma de plantear la enseñanza –*disortografía* y *discalculia*– y un término que huele ambulatorio médico o, mejor, a gabinete de psicología: Trastornos Específicos del Aprendizaje (T.E.A.). Giorgio Israel ha escrito que un término más apropiado sería «Trastornos Específicos de la Enseñanza».

Tal vez pueda parecer el nuestro un juicio demasiado duro, pero debemos reiterar que está totalmente justificado por la realidad fenoménica que tenemos ante nosotros: la renuencia de los pedagogistas a contrastar sus ideas, sus eslóganes, sus prácticas con los datos de la experiencia tiene características psicóticas. El libro de E.D. Hirsch, Jr. que hemos citado anteriormente contiene una documentación imponente de esta negativa psicótica, y el mismo autor escribe que los pedagogistas viven en un Mundo Imaginario. Permítaseme enmendar ligeramente esta observación suya para decir que el punto doloroso no es tanto el vivir en un mundo imaginario, sino el negarse a contrastarlo con el mundo fenoménico. El mismo Hirsch pone de manifiesto la «refractariedad de los pedagogistas a someter sus teorías a una libre discusión pública», sustrayéndose así al ejercicio de la racionalidad dialógica.

EL FORMALISMO EN PEDAGOGÍA

El fragmento de G. Israel que hemos citado anteriormente nos introduce en uno de los otros ejes principales del marco ideológico del pedagogismo moderno: el *formalismo*. Conviene una vez más dar la palabra a E.D. Hirsch, Jr.:

> La creencia de que el contenido particular aprendido en la escuela (contenido que he llamado «capital intelectual») es mucho menos importante que la adquisición de las herramientas formales que permiten a una persona aprender un contenido futuro. Esta idea de proporcionar instrumentos es la fuente de los ejercicios de acceso al diccionario y de pensamiento crítico que ahora inundan las escuelas, en lecciones en las que el contenido de aquello a lo que se accede o sobre lo que se piensa críticamente es dejado al arbitrio. Llamo a este planteamiento «formalismo», porque considera que el propósito principal de la instrucción consiste no en transmitir conocimiento, sino en dar a los alumnos herramientas intelectuales formales como «aprender a aprender», «habilidades de acceso» y «habilidades de pensamiento crítico». El formalismo pedagógico es erróneo en términos puramente prácticos porque, de hecho, privilegiar el proceso formal y las habilidades en detrimento del contenido no mejora significativamente las habilidades formales de los alumnos.

Las competencias de la vida real que se necesitan, como las habilidades de leer, escribir, comunicar, aprender, analizar, y de entender y manipular los símbolos matemáticos, tienen componentes sustanciales que, como han descubierto los psicólogos, son «específicos de la disciplina». Es decir, una capacidad de pensar críticamente en el ajedrez no se traduce en la habilidad de pensar críticamente en la vela. Una capacidad de leer o escribir con eficacia sobre la guerra civil no se traduce en la capacidad de leer o escribir con eficacia sobre la agricultura. Es cierto que ciertas operaciones de lectura son las mismas de una tarea a otra, de modo que la habilidad lectora depende parcialmente de automatizar (mediante una gran cantidad de ejercicio) esas operaciones repetidas, liberando así la mente consciente para el pensamiento crítico. Pero la lectura competente sobre la guerra civil depende también de la adquisición del vocabulario pertinente, de convenciones, de esquemas, que forman la base cognitiva pertinente para la lectura y el aprendizaje sobre la guerra civil. No hay un sustituto de este necesario conocimiento del contenido particular en la acción de leer o en cualquier otra habilidad intelectual. Es erróneo, pues, pretender que la escuela deba o pueda enseñar habilidades multiuso de lectura, pensamiento y aprendizaje. Pero, paradójicamente, es la atención adecuada a la transmisión de un extenso conocimiento general lo que efectivamente conduce a las habilidades intelectuales generales. La paradoja es asombrosa. La importancia atribuida a las habilidades formales ha llevado a alumnos carentes de habilidades formales, mientras que un énfasis apropiado en la transmisión del conocimiento conduce a alumnos que poseen efectivamente las habilidades requeridas por los pedagogistas estadounidenses –habilidades como el pensamiento crítico o el aprender a aprender. Para explicar esta paradoja, se debería entender la diferencia entre habilidad formal y habilidad general.

La pretensión de poder *aprender a aprender* sin aprender nunca nada ha corrompido la reforma del sistema de reclutamiento de los profesores de las escuelas medias, que prevé que se pueda obtener la habilitación para la enseñanza superando una prueba de examen escrito que versa en un noventa por ciento sobre metodología (pedagogía, psicopedagogía, métodos didácticos para la enseñanza, e informática aplicada a la enseñanza), y en un diez por ciento sobre la lengua inglesa. No haremos comentarios específicos sobre el carácter psicótico de esta norma sino para observar que está en línea con el formalismo pedagógico. A este respecto conviene citar una vez más un fragmento de E.D. Hirsch, Jr. que ilustra la influencia de la obra de W.H. Kilpatrick, alumno de J. Dewey[21], en el desarrollo de estas ideas.

---

[21]   E.D. Hirsch, Jr. *Le scuole*, cit.

Aunque la formulación de las ideas que llegaron a dominar la pedagogía estadounidense moderna se atribuye a menudo a John Dewey, quien se trasladó a Columbia en 1904, después de una disputa con el presidente de la Universidad de Chicago, los historiadores han mostrado que quien atribuyó el nombre de Dewey a una versión bastante distorsionada de sus ideas fue el guía directo del nuevo movimiento, William Heard Kilpatrick. Los pocos estudiantes de pedagogía que realmente escuchaban a Dewey no lo entendían de inmediato, mientras que las clases de Kilpatrick atraían a 600 estudiantes a la vez, sólo de pie. Se dice que Kilpatrick formó aproximadamente a 35.000 estudiantes durante su carrera en el Teachers College, precisamente en el período en que las nuevas escuelas y las universidades de pedagogía comenzaban a exigir personal. Sus discípulos perpetuaron así sus ideas, formando cada vez a más profesores de pedagogía en toda la nación. Esta descendencia explica la relativa uniformidad de la actual doctrina pedagógica estadounidense. [...] Su artículo «El método de proyectos», de 1918, que recomendaba las actividades de proyectos en lugar de la instrucción tradicional sobre las materias, fue uno de los documentos más influyentes en la historia de la educación estadounidense. Gran parte de los principios que aún animan la actual escena pedagógica se pueden encontrar en el libro enormemente influyente de Kilpatrick, *Fundamentos de método* (1925). Es en este libro y en sus artículos y lecciones, más que en los escritos variados y difíciles de Dewey, donde hay que buscar para encontrar los orígenes directos de las ideas pedagógicas trazadas en este capítulo. Comenzando por su título, que pone el acento en el método, en el libro de Kilpatrick se pueden encontrar casi todos los temas principales de la reforma pedagógica actual: la identificación de la pedagogía correcta con los ideales liberales y democráticos estadounidenses; la afirmación dudosa de que se basaba en la investigación científica más avanzada; la insistencia en la individualidad del niño y en la autonomía del docente; el desprecio por las materias disciplinarias y los métodos pedagógicos de otras naciones; la advertencia de no enseñar al niño las materias; la afirmación de que el conocimiento cambia con tanta rapidez que en el currículo no se debería requerir ninguna materia; el ataque al aprendizaje mecánico; el ataque a los controles y a los boletines de calificaciones; la afirmación de que seguir el método de proyectos desarrollaría las habilidades de pensamiento crítico. El libro de Kilpatrick celebraba la superioridad del enfoque de lenguaje integral [el método holístico] sobre el fonético para la enseñanza de la lectura. Sobre todo, lo que conquistó la aprobación general del mundo pedagógico fue la idea de que un nuevo método, libre de las ataduras del conocimiento tradicional, podría abarcar toda la esfera de la instrucción fusionando las materias disciplinarias en el proceso formal de la pedagogía. [...]

Cuando a Kilpatrick se le dio la oportunidad de diseñar su clase experimental, lo primero que hizo fue reemplazar los pupitres atornillados al suelo con mesas y sillas móviles.

Luego estableció un solo principio para esta clase: quería que los niños se comprometieran en una «actividad que condujera a otra actividad de buena calidad».

Al principio los responsables de la escuela quedaron atónitos cuando propuse que la clase no tuviera en absoluto un currículo establecido; que el profesor fuera perfectamente libre de hacer lo que creyera juicioso; que los niños fueran libres de pensar y actuar. A los niños no se les requeriría aprender a leer, dominar las matemáticas o la ortografía prescritas: no habría exámenes. No serían calificados o evaluados en términos de un currículo prescrito. Establecí sólo un principio: «Actividad que lleva a otra actividad de buena calidad».

Eran otros tiempos aquellos en los que los «responsables de la escuela» se asombraban de la propuesta de clases sin un currículo establecido y de que *no* se requiriera a los niños aprender a leer, escribir y hacer cálculo, y conocer la ortografía. ¿Podemos sorprendernos si hoy los graduados que participan en una oposición para la magistratura tienen dificultades para escribir un resumen; los estudiantes universitarios para escribir de manera legible y ortográficamente correcta; los estudiantes del primer año de economía y comercio para resolver problemas de aritmética que en 1905 se asignaban en cuarto de primaria? Yo diría que no y, si un árbol se conoce por sus frutos, estos resultados dan la medida de la penetración de las ideas del pedagogismo moderno en el tejido de la escuela primaria y secundaria.

En el fragmento de Hirsch que acabamos de citar, y en los escritos de W.H. Kilpatrick, encontramos casi todas las ideas, los eslóganes y las prácticas del pedagogismo: el naturalismo pedagógico, el formalismo, el desprecio por las materias disciplinarias, el énfasis exclusivo en el método, la pretensión de cientificidad (totalmente injustificada, en ausencia del contraste con las evidencias fenoménicas, que es propio de la ciencia, y en presencia de un dogmatismo hostil a la racionalidad dialógica), el puerocentrismo, el constructivismo pedagógico, el anticognitivismo, la falsa antítesis entre competencias y conocimientos, el recurso retórico sistemático a las falsas antítesis, el rechazo del método experimental, es decir, de la confrontación con los resultados empíricos de la aplicación de sus propias teorías, la noción difusa de aprendizaje holístico, la falaz oposición entre discente y contenido disciplinario, la noción difusa de instrucción centrada en el discente, el método de proyectos, el dogma que ve el ejercicio sistemático como una inútil mortificación del discente, el dogma que ataca con un argumento postizo la idea de que el docente deba transmitir conocimientos al discente, atribuyéndola a la *teoría de la didáctica transmisiva*, y presenta la *lección magistral* como una reliquia de la Edad Media[22].

---

[22] Cf. E. Garin. *L'educazione in Europa (1400-1600)*. Laterza, Bari, 1957.

Es útil describir dos rasgos recurrentes en la actitud mental de un sujeto que evita contrastar su sistema ideológico con el mundo fenoménico: estos dos rasgos parecen contradictorios entre sí, pero, después de todo, *ex falso sequitur quodlibet*. Dado que el sujeto ha aislado su mundo psicolingüístico de la relación con la evidencia fenoménica, y puesto que el lenguaje es una especie de caldo de cultivo para las contradicciones (porque introduce *distinciones* que fácilmente se confunden con *contradicciones* si el pensamiento no ha alcanzado la etapa de pensamiento conceptual, que, según L.S. Vygotsky, se alcanza sólo durante la adolescencia y sólo si los discentes están expuestos a una formación adecuada[23]), él tenderá, por una parte, a *ver contradicciones donde no las hay* (es decir, cuando son puramente lingüísticas) y, por otra, a *no verlas cuando sí las hay*, precisamente porque se ha privado de la relación con el mundo fenoménico. Estas consideraciones explican quizá la abundancia de *falsas antítesis* en el pensamiento pedagógico dominante: un ejemplo emblemático es la falsa antítesis entre materia reglada y discente, expresada en el mantra *teach the child, not*

---

[23]   Vygotsky, L.S. *Pensiero e linguaggio.* Laterza, Roma-Bari, 2008.

the subject, que alude a una inexistente contradicción entre discente y materia reglada. Este mantra es el signo distintivo del *puerocentrismo*, otro de los rasgos del pedagogismo moderno.

EL PUEROCENTRISMO

Presentamos al lector una imagen tomada del sitio web de una universidad italiana donde el puerocentrismo se ofrece de forma analógica, comparando el sistema tolemaico, que tiene a la tierra como centro, con el sistema copernicano, que tiene al sol como centro. ¿Quién sería tan insensato como para preferir el primero al segundo?

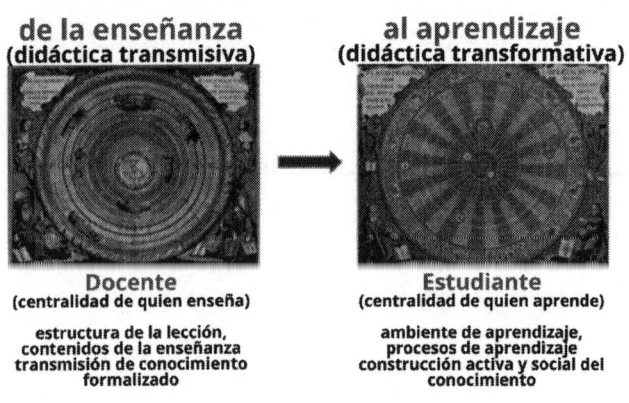

<table>
<tr><td>de la enseñanza
(didáctica transmisiva)</td><td>al aprendizaje
(didáctica transformativa)</td></tr>
<tr><td>Docente
(centralidad de quien enseña)</td><td>Estudiante
(centralidad de quien aprende)</td></tr>
<tr><td>estructura de la lección,
contenidos de la enseñanza
transmisión de conocimiento
formalizado</td><td>ambiente de aprendizaje,
procesos de aprendizaje
construcción activa y social del
conocimiento</td></tr>
</table>

Hemos visto que un ejemplo flagrante de falsa antinomia se encuentra en el eslogan central del puerocentrismo: *Teach the child, not the subject*. Su inconsistencia nos impide llamarlo «principio». De hecho, ignora clamorosamente el hecho evidente de que durante milenios la humanidad ha enseñado a los niños las diversas materias de estudio: durante milenios, la humanidad ha enseñado a los discentes aritmética, geometría, música, gramática, astronomía, retórica, dialéctica; durante milenios, esta falsa antinomia fue ignorada porque, justamente, se la veía como carente de fundamento. No es difícil imaginar cuál es la consecuencia inmediata de esta antinomia: el puerocentrismo conduce al descuido de los contenidos disciplinares. En efecto, el niño es uno, las materias son muchas y la falsa antinomia que pretende elegir entre enseñar al niño o (¡disyuntivo!) enseñarle las materias tiene como corolario el descuido de las materias de estudio, que lleva fatalmente a «humillar el perfil disciplinar de la competencia del profesor». Sabemos a ciencia cierta que si el discente y el conocimiento no son vistos como polos de una unidad simbiótica, se pierden ambos: el discente porque permanece ignorante; el conocimiento porque no habrá nuevos jóvenes que lo posean.

Ahora el cuadro es claro: si el niño aprende por su propia actividad, y no del maestro, siguiendo leyes interiores de formación mental, basándose en leyes cósmicas que lo conducen inconscientemente, y en un misterioso querer que dirige su formación, entonces, como corolario, la pedagogía naturalística mata muchos pájaros de un tiro:

1. El rol del **maestro**, portador de conocimientos, es **marginado**.

2. El escarnio de la didáctica, que en los documentos ministeriales es despectivamente llamada «transmisiva», le sigue inmediatamente.

3. Los **contenidos** de la enseñanza son virtualmente eliminados y, así, tras la humillación del «perfil disciplinar de la competencia del profesor», se pasa a la «descalificación cultural de la enseñanza» y a la sustitución **del profesor** en cuanto tal por un **facilitador** o por una **máquina**.

4. El niño es **abandonado a sí mismo**, ya que, según la pedagogía naturalística, aprende por su propia actividad [...] no del maestro.

5. Finalmente, habiendo desplazado al profesor propiamente dicho, se vuelve **central** el rol del **experto conocedor** de las leyes interiores de formación

mental, de las leyes cósmicas que lo conducen inconscientemente, del misterioso querer que dirige su formación.

¿Quién será, si no, el experto conocedor de esas leyes interiores, de ese misterioso querer, de esas leyes cósmicas, sino el **cultor de la pedagogía progresiva** o el **psicólogo** dedicado a los problemas de la escuela? Él es la única figura central en la nueva escuela reformada y sujeta a reforma permanente, el sacerdote de la humanidad experto en las «leyes interiores de formación mental», aquel que, solo entre todos y por encima de todo, so capa de nobles objetivos, se ha adueñado del ministerio y lo domina hasta el punto de trastornar la organización del trabajo escolar modificando su función y estructura; aquel que, al amparo de altos ideales, ha monopolizado la formación de los profesores, que salen así repletos de metodología pura y por ello vacua y, por consiguiente, ha expulsado de la escuela tanto a los profesores como las materias de estudio, deliberadamente vilipendiadas en una escuela que, virtualmente vaciada de los contenidos del saber humano, deja a los estudiantes con las manos vacías. La siguiente noticia es reciente y representa bien los tiempos modernos[24]:

---

[24]   https://www.ilgessetto.com/in-puglia-in-arrivo-i-pedagogis-ti-in-pianta-stabile-nelle-scuole-il-nostro-comunicato-stampa/

Por noticias de prensa se sabe que, tal y como lo solicitó la Asociación de Pedagogos y Educadores Italianos en el comunicado del 4 de abril pasado, que solicitaba la presencia en las escuelas de «profesionales de la acción educativa intencional», la región de Apulia está evaluando, después de la de los psicólogos, la inserción de los pedagogos en las escuelas. El proyecto está patrocinado por el líder de Fratelli d'Italia en la región, que afirmó (comunicado 1194 del 28 de mayo de la oficina de prensa del Consejo regional) que los pedagogos son «una figura importante, si no esencial, de la educación y de la formación no sólo para los estudiantes, sino también para los mismos docentes» y que «son ellos quienes pueden imaginar nuevas didácticas a la altura de las necesidades de una escuela que cambia con el tiempo».

DOGMATISMO Y PEDAGOGISMO

Otra consecuencia de la elección psicótica de aislarse de las evidencias fenoménicas es que el sujeto supone dogmáticamente que está en posesión de la verdad, como si fuera capaz de *verla directamente*, como si percibiera una idea platónica que da acceso directo a la realidad sustancial más auténtica: esta pretensión recuerda un fragmento muy bello de Giordano Bruno en *De Magia*, donde exalta esa época mítica en la que no existía el alfabeto y las verdades se percibían directamente sin la mediación de la escritura. De hecho, aunque el pedagogismo moderno se arroga un carácter científico, carece de uno de los elementos fundamentales de la actividad científica, que es la disponibilidad para contrastar los resultados de la teoría con la concreción fenoménica y, por lo tanto, para falsar la teoría mediante el método experimental: se trata, pues, de una mala imitación.

¿REGRESO AL FUTURO?

Una variación sobre el tema de la psicosis es la *monomanía intelectual*, definida como aquella condición en la que se pretende usar el mismo *sistema de ideas* para comprender *todo*. Imaginad la escena: un apasionado del ajedrez entra en la cocina, donde el cocinero ha preparado muchos dientes de ajo, y exclama: «¡Veo que has puesto los peones en posición de ataque!». Aquí tenéis, en cambio, un ejemplo que por desgracia no es imaginario sino tomado de la vida real, y precisamente de un libro reciente de Andrea Prencipe, titulado *Università generativa*[25], en el que el autor pretende aplicar un modelo propuesto por

---

[25]   Il Mulino, 2024.

W.J. Abernathy y J.M. Utterback para estudiar la evolución de los sectores industriales *al estudio del sistema de formación universitaria*. Inspirando el libro de Prencipe está también el libro de M. Gibbons y otros, titulado *The New Production of Knowledge*[26]. Él escribe que

> el modelo tradicional de producción de conocimiento –también definido Model–, según el cual este último está guiado e informado por la comunidad académica de referencia para la identificación del objeto de investigación, el enfoque metodológico, el desarrollo de la teoría y la resolución mediante modalidades puramente disciplinarias, se ha agotado.

En esta afirmación audazmente apodíctica destacan algunos rasgos bien conocidos: el ímpetu profético hacia un futuro que sólo unos pocos adivinos saben ver anticipadamente; el mito del salto evolutivo (que no es otra cosa que una versión del sueño palingenésico); la convicción de que «viejo» equivale a «superado por la historia» (como las pelucas del siglo XVIII); la convicción de que el cambio radical que nos espera es en gran parte independiente de nuestras decisiones, y de que la historia humana no es un lugar donde la *voluntad* se expresa por

---

[26] M. Gibbons, C. Limoges, H. Nowotny, S. Schwartzman, P. Scott, e M. Trow. *The New Production of Knowledge. The Dynamics of Science and Research in Contemporary Societies*. Sage, London, 1994.

medio de *elecciones*, sino como un lugar impregnado y dominado por la *necesidad* de ciertas «leyes naturales»; la prontitud con la que se pretende desechar nuestra concepción de ciencia, fruto de siglos de ensayos y errores, con la misma despreocupación con la que se deshace uno de un disco roto. Nuestro interés aquí por este libro de Prencipe está motivado porque su descripción de lo que, a su juicio, debería ser el nuevo modelo de universidad contiene muchas de las ideas y de las palabras clave del moderno pedagogismo: *innovación, interdisciplinariedad, desprecio por la «didáctica transmisiva» y la lección magistral*, por citar sólo algunas. El autor llama **generativa** a la nueva universidad propuesta, definida como sigue:

> Una universidad generativa se fundamenta en el concepto de *engagement*, entendido como síntesis de intercambio relacional, no necesariamente simétrico o síncrono, entre entidades que se reconocen como interdependientes: el *engagement* devuelve y enfatiza la idea de la universidad como tejido conectivo en el espacio-tiempo.

Nos gustaría poder decir de esta frase lo que J.L. Borges dijo de la música (que no dice nada y al mismo tiempo lo dice todo), pero debemos, en cambio, resignarnos al hecho de que esta definición es completamente asemántica, y que si dice algo no dice nada nuevo.

El libro de Prencipe contiene una crítica de la noción de universidad, en su acepción corriente, que parece un anuncio de nuevos tiempos por venir, dominados por el moderno pedagogismo:

> El diseño [hoy] dominante es el de la formación en el aula, organizada sobre la enseñanza de contenidos disciplinares articulados a lo largo de recorridos lineales de variada duración. El *engagement* supera la noción de transmisividad de los conocimientos: una universidad generativa, en efecto, es una institución que abraza la dinamicidad de los saberes –y de los procesos socioantropológicos subyacentes a su generación y difusión– y de la sociedad. El *engagement* se declina, por lo tanto, sobre los diversos niveles del actuar educativo – ej. *engaged research, student engagement, global and local engagement.*

Otro indicio del intento de introducir en la enseñanza universitaria las ideas, eslóganes y prácticas del pedagogismo moderno es el surgimiento casi fúngico de unos sectores, llamados *Teaching Centers*, cuyo nombre mismo delata la inspiración formalista, es decir, la convicción de que existen métodos de enseñanza que prescinden de la materia que se enseña. Hemos tenido ocasión de aludir a la degradación de la escuela primaria y secundaria provocada por esta convicción y reiteramos, por tanto, que hay que mantener en el centro de la enseñanza los contenidos disciplinares, mortificados por la pedagogía progresiva. Hegel escribió que el método es el movimiento del contenido mismo: quería decir que el contenido del pensamiento no es una materia muerta que deba ser reanimada desde el exterior, sino que tiene una vitalidad propia que determina su desarrollo y que el método consiste en seguir este desarrollo inmanente. En particular, no existe un método antes e independientemente del contenido, no existen habilidades mentales adquiribles sin materias. Esta observación barre de un solo golpe una de las falsas antinomias que la pedagogía progresiva usa como punto de apoyo para su palanca letal sobre la didáctica, hasta el punto de que se ha llegado a pretender poder enseñar a aprender a aprender, aunque sin llegar a aprender nunca nada, con el resultado archiconocido de estudiantes impregnados de dogmatismo, sin método y sin contenido. En este punto ni siquiera hace falta recordar que la falacia de la pedagogía progresiva está atestiguada por sus resultados, fruto de décadas de aplicación.

En cuanto a la invocación a la *innovación*, que es uno de los eslóganes del pedagogismo, que aparece también en el libro de Prencipe, observamos para concluir que, como escribe Paolo Di Remigio, la reforma Renzi de 2015

> ha hecho obligatorias audaces experimentaciones innovadoras como la escuela-trabajo, el CLIL (estudio en lengua extranjera de las materias disciplinarias previstas), y ha convertido

la innovación didáctica en la preocupación principal de los profesores y el título con el que acceder a la premiación, cualquiera que fuera su resultado.

Por lo tanto, se habla de innovación como un fin en sí mismo, como si lo nuevo fuera por sí mismo mejor (afirmación sobre cuya falsedad no haría falta gastar muchas palabras). Nuestras escuelas primarias y secundarias están ahora inmersas en un régimen de reforma permanente. Esperamos que la universidad sepa rechazar el afán de precipitarla a una espiral similar en las fauces del pedagogismo moderno.

EN LAS RAÍCES DEL NATURALISMO PEDAGÓGICO

Quisiéramos ahora buscar la genealogía de las ideas centrales de la pedagogía progresiva, con la convicción de que esto puede ayudarnos a aprehender algunas características esenciales de nuestro horizonte cultural que le han permitido prosperar tanto tiempo y sobrevivir a sus fracasos. Creemos que esta conciencia puede ayudarnos a rechazar las ideas y los métodos de la pedagogía progresiva sin obligarnos al ejercicio arduo, si no imposible, de vivir fuera de nuestro tiempo.

Es útil partir del texto dedicado a Jean-Jacques Rousseau en la Enciclopedia Italiana, escrito por Ernesto Codignola, entonces profesor de Historia de la Pedagogía en la Universidad de Florencia. Codignola expone primero un dato de hecho y luego un juicio (el énfasis es mío):

> El *Emilio* de Rousseau inaugura la consideración propiamente moderna del problema educativo. El sujeto, la persona, se convierte en el eje de todas las doctrinas pedagógicas. No sólo Kant, Fichte, Pestalozzi, Froebel, los románticos, sino todos los pensadores que, después de él, han reflexionado sobre el problema de la formación del hombre parten de él. Las más originales instituciones pedagógicas de los siglos XIX y XX tienen su causa e impulso en su pensamiento. A pesar de este *triunfo casi sin parangón en la historia del pensamiento*, el proceso de autoformación de la personalidad es más bien proclamado y descrito empíricamente que justificado de modo adecuado en el *Emilio*. En sustancia, el proceso está *suspendido en el vacío*. Así como su estado, que debería instaurar en la ley la libertad del ciudadano, termina por someterlo a un opresivo despotismo, su método educativo, únicamente dirigido a promover la autodeterminación en el educando, degenera en un pedantesco mecanismo que

pisotea las más sagradas y vitales exigencias espirituales de la infancia y la adolescencia[27].

Con la perspectiva del tiempo, no estamos ciertamente sorprendidos de leer en este informe, escrito antes del desastre educativo producido por la pedagogía progresiva, que «el proceso [de autoformación de la personalidad descrito en el *Emilio* de Rousseau] está *suspendido en el vacío*». Nos importa, sin embargo, aclarar cómo se justifica un contraste tan marcado entre el cuidadoso juicio de Codignola (confirmado, precisamente, por los fracasos de la pedagogía progresiva) y el éxito del pensamiento de Rousseau (descrito por Codignola como un *triunfo casi sin parangón en la historia del pensamiento*).

UN TRIUNFO CASI INÉDITO EN LA HISTORIA DEL PENSAMIENTO

De las muchas respuestas que se pueden aventurar, quisiera proponer una que, en el ámbito de una historia de las ideas, subraya un elemento del espíritu de nuestro tiempo que dio sus primeros pasos en los albores de la modernidad, con la

---

[27]   Codignola, E., *Jean-Jacques Rousseau*, in *Enciclopedia Italiana: di scienze lettere ed arti*. Vol. XXX, Istituto della Enciclopedia Italiana, Roma, 1936. El autor continúa observando que «la discordia inmanente en la posición de [Rousseau] sólo podía resolverse mediante una profundización del concepto de persona que superara definitivamente el individualismo y el naturalismo del ginebrino. Esta solución, como es sabido, fue iniciada por Kant».

Revolución Científica del siglo XVII, comenzó a penetrar la cultura moderna en el siglo XVIII, fue formulado en formas cada vez más drásticas en la primera mitad del siglo XIX y se impuso progresivamente, hasta convertirse en un huésped fijo por invisible, o invisible por fijo, es decir, tan familiar que resulta invisible «como el aire que se respira», para usar las palabras que Lévy-Bruhl dedicó en 1898 a la difusión del pensamiento de Comte: después de describir someramente la rápida penetración de la *philosophie positive* en Inglaterra, Alemania, España, Portugal, Brasil y Norteamérica, y después de pasar revista a las corrientes filosóficas entonces presentes en el debate cultural, él observaba que

> *aucune de ces doctrines n'a atteint le point de diffusion extrême de l'esprit positif. Cet esprit s'est si intimement mêlé à la pensée générale de notre temps, qu'on ne l'y remarque presque plus, comme on ne remarque pas l'air qu'on*[28].

Para articular mejor nuestra respuesta, es útil dar un paso atrás.

---

[28] «Ninguna de estas doctrinas ha alcanzado el punto de difusión extrema del espíritu positivo. Este espíritu se ha mezclado tan íntimamente con el pensamiento general de nuestro tiempo, que ya casi no se le nota, como no se nota el aire que se respira». Lévy-Bruhl, L., *Le Centenaire d'Auguste Comte*, in «Revue des Deux Mondes (1829-1971)», quatrième période, vol. 145, n. 2 (15 Janvier 1898), pp. 394-423. Cf. Agazzi, E. *Cento anni dalla morte di Comte: dal positivismo di Comte al neopositivismo*, in: «Rivista di Filosofia Neo-Scolastica», settembre-dicembre 1957, vol. 49, No. 5/6, pp. 385-422.

Hans Kelsen parte de la división polarizada entre ese mundo —que él llama «naturaleza»— que nos preexiste y que no depende de la obra del hombre, formado por fuerzas y elementos naturales, como, por ejemplo, el agua, los ríos, el viento, el sol, la luna, y el mundo —que él llama «sociedad»— de la creatividad humana, que puede permitirnos expresar nuestra libertad, y que se expresa en el lenguaje, en la sociabilidad y en ese complejo de normas jurídicas, preceptos morales y reglas sociales que hacen posible la convivencia civil, conocido como derecho[29]. Observamos que lo que Kelsen llama «sociedad» es llamado «cultura» por los antropólogos: en la entrada dedicada a este término, M. Izard escribe que

> de la cultura en general, E.B. Tylor (1871) dio una definición que ha mantenido un valor canónico: «Conjunto complejo que incluye los saberes, las creencias, el arte, las costumbres, el derecho, los usos, así como cualquier disposición o hábito adquirido por el hombre que vive en sociedad». La cultura

---

[29] Kelsen, H. *Society and Nature*, The University of Chicago Press, Chicago, 1943. Israel usa las expresiones Primer Mundo y Segundo Mundo, respectivamente: Israel, G. *Il giardino dei noci: incubi postmoderni e tirannia della tecnoscienza*. CUEN Città della scienza, Napoli, 1998.

es así algo cuya existencia es inherente a la condición humana colectiva, es un «atributo distintivo» de la misma (C. Lévi-Strauss), una característica universal, la cultura que se contrapone, a este respecto, a la naturaleza[30].

A veces, para evitar posibles ambigüedades, usaremos la expresión «mundo de la cultura humana» para indicar lo que Kelsen llama «sociedad» y los antropólogos llaman «cultura». Las expresiones artísticas y las de la cultura material –como, por ejemplo, la tejeduría– pertenecen a la cultura humana: lo que es esencial en esta definición de «sociedad» es que ella es el mundo de la creatividad humana, que le puede permitir expresar su libertad. Por eso el derecho es parte esencial de este mundo.

EL ROL DEL LENGUAJE

Al forjar aquellas formaciones psicolingüísticas que dan vida a la «sociedad», en el sentido kelseniano del término, el lenguaje desempeña un rol creativo imprescindible. En efecto, el procedimiento de abstracción (separación), que es una de las herramientas usadas por la cultura humana

---

[30] Izard, M., *Cultura*, in: *Dizionario di Antropologia e etnologia*, a cura di P. Bonte e M. Izard, Einaudi, Torino, 2006.

para crear nuevos conceptos, no sería posible sin lenguaje[31], y es conocido el vínculo entre el advenimiento de la «revolución urbana» en el Antiguo Oriente y las primeras formas complejas de escritura, así como el que se da entre la *difusión social* de la *escritura alfabética pura* y el florecimiento del pensamiento humano en la Grecia antigua[32].

UN TRIÁNGULO *SUI GÉNERIS*

Queriendo diseñar geométricamente, estaríamos tentados a representar el mundo de la cultura con el esquema de un triángulo ideal que tiene como punto de intersección la

---

[31] Kant escribe que «al concepto de triángulo ninguna imagen de él sería adecuada. En efecto, esta no alcanzaría la generalidad del concepto, por la cual este vale tanto para el rectángulo como para el isósceles, etc.; sino que siempre permanecería limitada sólo a una parte de esta esfera. El esquema del triángulo no puede existir nunca en otra parte más que en el pensamiento, y significa una regla de la síntesis de la imaginación respecto a figuras puras en el espacio» (Kant, I. *Crítica della ragion pura*, a cura di V. Mathieu, traduzione di G. Gentile e G. Lombardo Radice. Mondadori, Milano, 2019, capitolo primo).

[32] Goody, J., Watt, I. *The consequences of literacy*, in: «Comparative Studies in Society and History», vol. 5, No. 3, (April 1963), pp. 304-345; Havelock, E.A. *Preface to Plato*. Harvard University Press, Cambridge, 1963.; Havelock, E.A. *Alle origini della filosofia greca*. Laterza, Bari, 1996; Ong, W.J. *Oralità e scrittura: Le tecnologie della parola*. Il Mulino, Bologna, 2014. Las mismas categorías del saber que usamos todavía hoy (teología, física, biología, etc.) son producto cultural de aquella civilización.

creatividad humana y como vértices lenguaje, sociabilidad y derecho, si no fuera por el hecho de que la simplicidad del triángulo oculta la complejidad interna que une los vértices y el baricentro en una serie de unidades simbióticas esenciales, como la que existe entre sociabilidad y derecho –en cuyo interior vive la noción de libertad humana, que se expresa tanto en la elección de un ordenamiento dado que regule la convivencia civil como en la elección de obedecer, a su vez, o de transgredir las normas allí establecidas– y la que existe entre lenguaje y sociabilidad, dentro de la cual habita uno de los dones de la civilización occidental a la cultura humana, que es la noción de *racionalidad dialógica*, donde «se considera racional lo que se argumenta públicamente para someterse al control de otras argumentaciones que lo confirmen o lo desmientan»[33]. Triángulo o no triángulo, basta un simple experimento mental para concluir que nuestra humanidad es una sola cosa con la cultura humana: si nos privamos del lenguaje, de la sociabilidad y del derecho, «no tendremos ni a Tarzán ni a Mowgli, semidioses selváticos, sino –precisamente– a las niñas-lobo que no saben siquiera caminar o al "salvaje de Aveyron", mudo e idiota, cuidado por Itard», como escribió Lucio Lombardo Radice en un fragmento ya citado.

---

[33]   Badiale, M., Bontempelli, M. *Civiltà occidentale: un'apologia contro la barbarie che viene.* Il Canneto Editore, Genova, 2009.

Para el hombre primitivo, la naturaleza es parte intrínseca de su sociedad

Nos importa observar que lo que, según Kelsen, es relevante en la polarización entre «naturaleza» y «sociedad» es la síntesis interpretativa que damos de estos dos mundos y que, de hecho, en la síntesis propia del hombre primitivo esta polarización *no* existe y es *ajena* a su mentalidad, porque para el hombre primitivo lo que nosotros, los modernos, llamamos «naturaleza» es parte intrínseca de su sociedad. Conviene ahora ilustrar mejor esta tesis de Kelsen, porque así tendremos mejor oportunidad de presentar otra observación, que tiene particular importancia.

Principio de imputación y principio de causalidad

Kelsen observa que la noción de causalidad, que une causa y efecto según una *ley de la naturaleza*, no siempre ha estado presente con claridad y distinción en la historia humana: en su lugar, antes de que se afirmara, el hombre miraba al mundo natural a través de la lente del *principio de imputación*. Si padecía la furia de la naturaleza, no se preguntaba cuál era su *causa*, sino de quién era la *culpa*, porque él miraba al mundo y a las experiencias naturales no con la lente del principio de causalidad, que le era desconocido, sino con el *principio de imputación*, que conecta delito y castigo dentro de un marco normativo establecido por la comunidad, que decide lo que es socialmente aceptable y lo que no lo es[34]. La *lex talionis* cumplía, pues, un papel importante en aquella síntesis interpretativa.

LA NATURALEZA ANIMISTA, ANIMADA POR LA CAPACIDAD DE ELECCIÓN

El gran arte es conocimiento, y las palabras de Dersu Uzala nos ayudan a comprender esa mentalidad:

[Señalando el sol]

Capitán, este es un hombre muy fuerte; si este hombre muere, todos morimos.

[Señalando la luna]

Y este es otro hombre fuerte.

[Señalando el fuego encendido]

Este es un hombre malo: grita.

[Los soldados alrededor del fuego le responden riendo:]

«¡Según tú, hay hombres por todas partes!»,

---

[34] Kelsen (1967). Los niños que sufren el trauma del abandono reaccionan del mismo modo: tienden a buscar un *culpable* y, además, a menudo, se culpan a sí mismos, es decir, atribuyen el trauma a alguna misteriosa falta propia.

[y él responde, señalando el agua del río:]

Sí, mira, también este es un hombre, el agua está viva

[...]

Sí, también el viento es un hombre.

Si el fuego se enfada, la taiga arde muchos días.

Si el fuego se enfada, da miedo. Si el agua se enfada, da miedo.

Si el viento se enfada, da miedo.

Fuego, agua, viento [son] tres hombrecitos fuertes[35].

Las palabras de Dersu Uzala explican con claridad que el animismo del hombre primitivo personifica los elementos de la naturaleza, les atribuye un alma, una voluntad, que los hace capaces de elecciones, ya sean heroicas o caprichosas: se comportan con nosotros sobre la base del mismo principio que regula el comportamiento entre los hombres, es decir, el principio de retribución, que asocia castigo a transgresión, recompensa a mérito; en particular, al tener una personalidad y una voluntad, son capaces tanto de pasiones, ira y caprichos como de elecciones meditadas. Su comportamiento se asemeja, así, al humano, marcado por delitos y castigos, elecciones y responsabilidades.

---

[35] youtu.be/dAZ3E7gZG14 (consultado el 15 de octubre de 2025).

Una elección monista: la naturaleza es parte de la sociedad

Por lo tanto, según Kelsen, el hombre primitivo resuelve la polarización entre naturaleza y sociedad con una elección monista que reduce el mundo natural al principio de imputación vigente en la sociedad, subordinado a un ordenamiento jurídico dado y a un determinado sistema de preceptos morales. He aquí por qué Kelsen dice que el hombre primitivo *ve la naturaleza como parte de su sociedad*, gobernada por el principio de imputación: «Para [el hombre primitivo] la naturaleza es una parte intrínseca de su sociedad. El dualismo entre sociedad y naturaleza [...] es totalmente ajeno a su mentalidad»[36].

Para evitar ambigüedades, diremos *animista* a la naturaleza entendida de este modo, según lo que Kelsen llama «interpretación social de la naturaleza». Se juzga como «parte de la sociedad», animada por la capacidad de elección atribuida a los elementos naturales y regulada por el principio de imputación.

La expresión un tanto apresurada de Kelsen, *primitive man*, no debe impedirnos ver que la organización social basada en un ordenamiento jurídico dado, y en el «principio de imputación», tiene algo de sublime, porque

---

[36] Kelsen (1943).

forma un terreno fertilísimo para la libertad humana y es, de hecho, el único que le permite crecer y florecer, tanto porque el mismo ordenamiento jurídico es una creación cultural como porque en su seno el individuo debe elegir a cada instante entre la opción de someterse a los impulsos, que se presentan con el carácter de la necesidad (y así permanecer prisionero de la prisión instintiva), respetar las normas o transgredirlas conscientemente: en este terreno, su voluntad creadora encuentra amplio espacio para expresarse, mientras que la simple rendición a los instintos no tiene la dignidad de una elección libre, sino que nos vuelve semejantes a máquinas que siguen un mecanismo predeterminado, dominado por la necesidad[37].

LA APARICIÓN DEL PRINCIPIO DE CAUSALIDAD

Según Kelsen, un rastro de la aparición del principio de causalidad es el significado original de «causa» en griego: el efecto es imputado a la causa como el castigo es imputado

---

[37]   Para Descartes, que veía a los animales como máquinas, *animal non agit, agitur* (el animal no actúa, es actuado). Cf. Bencivenga, E. *Meditazioni metafisiche: Contro Cartesio e in nome di una cagna gravida.* Guida Editori, Napoli, 2023.

al delito, es decir, la causa es culpable del efecto[38]. Él observa que una de las primeras formulaciones del principio de causalidad se encuentra en Heráclito: «Si el Sol se desvía de su curso, las Erinias, guardianas de Diké, lo encontrarán».

Aquí una ley de la naturaleza aparece aún como norma jurídica: las Erinias son agentes de venganza, Diké es la diosa que administra la imputación, la diosa de la retribución o justicia. Por tanto, según Kelsen, la noción de causalidad, es decir, la relación necesaria entre causa y efecto, nació teniendo como modelo la imputación, es decir, la relación entre delito y castigo, que pertenece al derecho, es decir, a la cultura humana, y no al mundo natural entendido modernamente.

«CUANDO LA NATURALEZA TE PAREZCA NATURAL, TODO HABRÁ TERMINADO, Y COMENZARÁ OTRA COSA»

El gran arte es conocimiento, decíamos, y el discurso del centauro Quirón a Jasón, ambientado en una naturaleza todavía *animista*, prefigura el deslizamiento de sentido que la palabra «naturaleza» sufriría poco después: hasta ese momento, la naturaleza había sido *parte de la*

---

[38]   Kelsen, H. *Pure Theory of Law.* University of California Press, Berkeley and Los Angeles, 1967.

sociedad, es decir, vista como *animada* por la capacidad de elegir, pero no estaba lejano el día en que se concebiría como *natural* en el sentido moderno de la palabra: no una naturaleza confiada a la voluntad de sus elementos, que se expresan eligiendo, como en la mentalidad de Dersu Uzala, sino regulada por ciegas *leyes naturales*, que no dejan espacio a la magia:

Todo es santo, todo es santo, todo es santo
no hay nada natural en la naturaleza, muchacho mío, tenlo
bien presente:
cuando la naturaleza te parezca natural
todo habrá terminado, y comenzará otra cosa.
¡Adiós, cielo! ¡Adiós, mar!
¡Qué bello cielo! ¡Cercano! ¡Feliz!
Dime, ¿te parece que un pedacito solo no sea innatural?
¿que no esté poseído por un Dios? ¡Y así es el mar!
En este día en que tú tienes trece años y pescas con el agua
a los pies.
¡Mírate a la espalda! ¿Qué ves? ¿Acaso algo natural?
¡No! ¡es una aparición lo que tú ves a tus espaldas!
con las nubes que se reflejan en el agua quieta y pesada de
las tres de la tarde.
Mira allá abajo, esa franja negra sobre el mar, brillante y
rosa como el aceite
esas sombras de árboles y esos cañaverales:

en cada punto en que tus ojos miran está escondido un dios

y si por casualidad no está ha dejado allí las señales de su

presencia sagrada

o silencio u olor a hierba o frescor de aguas dulces

eh sí, todo es santo, pero la santidad es a la vez una maldición

los dioses que aman al mismo tiempo odian[39].

Las leyes de la naturaleza: causalidad, necesidad, reducción del espacio reservado a la elección

Una nueva síntesis interpretativa adviene con el paso de una lente *normativa* a una *causal*, que deriva de la idea de que la relación entre las cosas —a diferencia de la que existe entre los hombres— es independiente de la voluntad humana o sobrenatural y no está determinada por normas jurídicas sino por *leyes de la naturaleza*, que unen causa y efecto con un vínculo dominado por la necesidad, mientras que la imputación, que une delito y castigo, depende de una libre elección social, política, expresión de nuestra libertad.

Kelsen observa que la irrupción del principio de causalidad conlleva un cambio de perspectiva respecto a la del hombre primitivo –que veía «la naturaleza como parte intrínseca de su sociedad»– y conduce hacia la «separación de la naturaleza de la sociedad en la mente humana». En esta nueva perspectiva, el sentido de la palabra «naturaleza» se desliza: ya no es el reino de fuerzas animadas, personificadas y capaces de elección, sino el lugar de la necesidad, donde los elementos obedecen a «leyes naturales» que no admiten excepciones ni magias. Para evitar posibles ambigüedades, llamaremos *mecanicista* a la naturaleza entendida de este modo[40].

La referencia a la magia no es casual, porque es concebible en el contexto de una *naturaleza animista*, animada por la voluntad, cuyos elementos están dotados de una personalidad capaz de expresarse por medio de elecciones que pueden ser influenciadas, y aparece estridente en el de una *naturaleza mecánicamente impersonal*, dominada por la necesidad, lugar donde reinan leyes que

---

[40]   El término no es del todo preciso, pero da una idea.

no admiten excepciones[41]. Nos parece significativo que Giordano Bruno e Isaac Newton, figuras centrales del paso de la primera a la segunda concepción de la naturaleza, cultivaran un profundo interés por la magia: Bruno pagó con la vida este interés[42], mientras que el precio pagado por Newton fue que durante siglos se transmitió a la posteridad una imagen mutilada de él (representando sólo lo que se acomodaba bien dentro del nuevo horizonte cultural). Sólo se restauró en su compleja integridad cuando, a partir de 1936, sus manuscritos —que documentan sus intereses por la magia, ignorados durante siglos en un baúl, cerrado en 1696, que nadie se había atrevido a divulgar— fueron revelados a la posteridad por J.M. Keynes, quien, «perturbado por la impiedad» de asistir a su dispersión en una venta de subasta, logró adquirir una buena parte, que legó al King's College de Cambridge[43] (Keynes, 1978, pp. 363-374).

---

[41]   Culianu, I.P. *Eros e magia nel Rinascimento.* Boringhieri, Torino, 2006; Devisch, R. *Magia*, in: *Dizionario di antropologia e etnologia*, a cura di P. Bonte e M. Izard. Einaudi, Torino, 2006; Graf, F. *La magia nel mondo antico.* Laterza, Bari, 2009.

[42]   (Culianu, 2006), *op. cit.*

[43]   Keynes, J. *Newton, The Man*, in: *The Collected Writings of John Maynard Keynes*, a cura di E. Johnson, D. Moggridge. Cambridge University Press, Cambridge, 1978, pp. 363-374.

La elección monista que define la modernidad: la sociedad es parte de la naturaleza

Junto a la noción corriente de modernidad, que es la de «emancipación de la subjetividad de los vínculos inmovilizadores de la tradición, de la trascendencia y de lo sagrado[44]», conviene tener bien presente la kelseniana, que gira en torno al «dualismo entre sociedad y naturaleza» y, dentro de esta polarización, sobre la opción preferencial por la naturaleza, anunciada por la «separación de la naturaleza de la sociedad en la mente humana», que desemboca en una concepción monista en la que «la sociedad es vista como parte de la naturaleza». La importancia de la definición kelseniana radica también en el hecho de que el estridente repudio de la cultura humana allí contenido nos ayuda a considerar la raíz de ese movimiento de progresiva erosión de nuestra humanidad, por la simple razón de que nuestra humanidad coincide con la cultura humana. En otras palabras, las raíces de los elementos disgregadores en la sociedad moderna están en el movimiento de ideas que dio origen a la modernidad —según la definición kelseniana.

---

[44] Badiale, M., Bontempelli, M. *Civiltà occidentale: un'apologia contro la barbarie che viene.* Il Canneto Editore, Genova, 2009.

Para entender mejor cómo se llega a esta nueva síntesis interpretativa, y sus consecuencias, volvamos nuestra atención al iusnaturalismo moderno, donde se da un primer paso en esa dirección.

El Iusnaturalismo

Norberto Bobbio observa que la importancia de la revolución científica es tal que inaugura la modernidad. En el siguiente fragmento, publicado en 1947 y extraído de las lecciones impartidas en la Universidad de Padua, él ilustra la influencia de la revolución científica en la cultura del siglo xvii (el énfasis es mío):

> El racionalismo implica una concepción racional del mundo y del hombre. En primer lugar, una concepción racional del mundo: que el mundo sea racional significa que es concebido como un conjunto de cosas o fenómenos ligados entre sí por *leyes universales y necesarias*, que *existen y valen* independientemente del hombre, y *este tiene la tarea y la posibilidad de descubrirlas a través de la libre investigación científica*. De este modo, el mundo adquiere la representación de una *gigantesca máquina*, en la que todas las partes individuales tienen una función precisa en el movimiento del todo, y cuyo movimiento está *regulado de una vez por todas* por un ente

superior que ha construido esta máquina y la regula para que no se detenga [...] La racionalidad del mundo implica que el mundo está sustraído al azar y está sujeto a *férreas leyes infalibles e inviolables* [...] Esta nueva mentalidad, racionalista, que se funda en el principio de la autonomía de la razón y se vale del método de la libre investigación, se aplica poco a poco a todos los campos del saber [...] La mentalidad racionalista [...] muy pronto *se extiende también al estudio de las ciencias morales, es decir, a la ética y al derecho* [...] Mientras que la reforma racionalista del método a aplicar en el campo de las ciencias naturales ya está completamente realizada con Descartes, para ver los frutos de la aplicación del principio de la libre investigación al campo de la ciencia de las costumbres hay que esperar, al menos, a Rousseau [...] Por mucho más lento que sea en su desarrollo, el movimiento de renovación de las ciencias morales ya se presenta a principios del siglo XVII. Y la corriente de pensamiento que le da lugar se llama iusnaturalismo. La doctrina del derecho natural, como es presentada, aunque aún de forma no del todo coherente, por Hugo Grocio, contemporáneo de Galileo, representa el intento de aplicar el método de la libre investigación racional al campo de la ética, es decir, ya no de las leyes naturales, sino de las leyes morales, de las costumbres sociales y de las normas jurídicas; representa la lucha contra el principio de autoridad en el sistema de la organización social de los hombres. *Esta lucha se funda en un principio análogo al que había presidido la reforma de las ciencias de la naturaleza. Así como la naturaleza en general está regida por leyes universales y necesarias que sólo una investigación conducida con método es capaz de descubrir, así también la naturaleza del hombre está gobernada por leyes de carácter universal, que son las leyes morales o jurídicas necesarias para la fundación de cualquier sociedad humana que quiera durar y ser regida no por el capricho de un gobernante, ni por la arbitrariedad de las costumbres y tradiciones, sino por la razón misma.* Estas leyes morales y jurídicas, no establecidas por ninguna autoridad, sino correspondientes a la *naturaleza misma del hombre*, y por lo tanto universales y absolutas como lo es la naturaleza misma, constituyen el derecho natural. Con el mismo procedimiento de libre investigación racional con el que el nuevo filósofo de la naturaleza indaga las leyes que regulan el mecanismo del mundo exterior, el iusnaturalista se propone descubrir las *leyes fundamentales de la naturaleza humana que regulan el mecanismo de la convivencia humana.* El iusnaturalista, en suma, es *el nuevo científico del hombre*, es el libre investigador en el campo de la moral o del derecho, es el racionalista aplicado a los problemas morales[45].

---

[45]   Bobbio, N. *Il giusnaturalismo moderno*, a cura di Tommaso Greco. Giappichelli, Torino, 2009, pp. 152-155.

119

Si recordamos que el derecho deja a la cultura humana dos grados de libertad (el de determinar el ordenamiento jurídico, y el de elegir, cada vez, si obedecer las normas o transgredirlas), nos damos cuenta de que la noción de «naturaleza del hombre» —o «naturaleza humana», que aparece frecuentemente, junto con las de «orden natural» y «hombre de naturaleza», en la obra de Rousseau, quien, «como ha sido ampliamente documentado, estudió a los mayores tratadistas del derecho natural»[46], tanto que en sus escritos «continúan resonando [...] no pocos motivos polémicos de la propagandística iusnaturalista, de la cual acoge también gran parte de su terminología»[47]— es un primer momento de erosión de nuestra humanidad, porque termina por reducir el primer grado de libertad (el de la elección del ordenamiento jurídico) sobre la base de la convicción de que existe una «naturaleza humana» que dicta «leyes morales o jurídicas necesarias para la fundación de cualquier sociedad humana que quiera durar y ser regida no por el capricho de un gobernante, ni por la arbitrariedad de las costumbres y tradiciones, sino por la razón misma».

---

[46] Bobbio, N., *Giusnaturalismo e giuspositivismo*, in «Enciclopedia delle scienze sociali», vol. 5, Istituto della Enciclopedia Italiana, Roma, 1996.

[47] Codignola (1936).

Veremos que a este primer momento de regresión le seguirán otros, cada vez más profundos –todos corolarios de ese movimiento de ideas que funda la modernidad y que primero lleva a separar la «naturaleza» de la «sociedad» y luego a englobar de manera monista esta en aquella– porque induce a renunciar al papel de responsabilidad que corresponde a la cultura humana: la «naturaleza» en la que se pretende englobar la «sociedad» ya no es la animista de Dersu Uzala (que por lo demás ya estaba englobada en la sociedad) sino la naturaleza mecanicista de Descartes y Laplace, regulada por leyes causales y dominada por la necesidad. En otras palabras, se pretende excluir de lo que Kelsen llama «sociedad» la dimensión de la voluntad y de la elección, en nombre de «leyes de la naturaleza» que la regularían autónomamente, basándose en las de la «naturaleza humana».

Una empresa no leve

Observemos de paso que Rousseau ha admitido cándidamente la dificultad de entender qué es la naturaleza humana:

> No es empresa leve desentrañar lo que hay de originario y de artificial en la naturaleza actual del hombre, y conocer bien un estado que ya no existe, que quizás nunca ha existido, que

probablemente nunca existirá, del que, no obstante, es necesario tener nociones justas, para juzgar bien nuestro estado presente. Haría falta incluso más filosofía de lo que se piensa, para quien emprendiera determinar exactamente las cautelas necesarias para hacer sobre este argumento observaciones sólidas; y una buena solución del problema siguiente no me parecería indigna de los Aristóteles y los Plinios de la era moderna: «¿Qué experiencias serían necesarias para llegar a conocer al hombre natural; y cuáles son los medios para hacer tales experiencias en el seno de la sociedad?». Lejos de emprender la resolución de este problema, yo creo haber meditado su argumento lo suficiente para osar responder preliminarmente que los más grandes filósofos no serán demasiado buenos para dirigir tales experimentos, ni los más poderosos soberanos para realizarlos [...] Esta ignorancia de la naturaleza del hombre, precisamente, arroja mucha incertidumbre y oscuridad sobre la verdadera definición del derecho natural, porque la idea del derecho, dice Burlamaqui, y más aún la del derecho natural, son evidentemente ideas relativas a la naturaleza del hombre. De esta naturaleza misma del hombre es necesario, pues [...] hay que deducir los principios de esta ciencia[48].

---

[48]   Rousseau J.-J. *Discours sur l'origine et les fondements de l'inegalité parmi les hommes*, in: «Œuvres Complètes de J.-J. Rousseau», a cura di L. Barré, tome sixième. J. Bry Ainé, Parigi, 1856.

El mismo Rousseau admite que quizás el «estado de naturaleza» nunca haya existido, sino que es una noción abstracta[49] que no tiene por referente un estado perdido que deba ser añorado, sino una noción que debe ser descubierta racionalmente. Volveremos sobre el carácter «abstracto» de la noción de «hombre natural», pero primero observemos que las dificultades admitidas por Rousseau no son superadas en la reflexión de uno de los

---

[49] Se trata, por lo tanto, de una noción «racionalista», tendencialmente abstracta, que debe ser descubierta racionalmente, no de un estado perdido que deba ser anhelado con nostalgia: Giorgio Israel observa que «Ilustración y Romanticismo [parecen] compartir un ideal común: el retorno al estado de naturaleza, al individuo natural. En realidad, la interpretación que ellos dan es tan divergente que anula casi por completo este punto de contacto. Para el pensamiento ilustrado, se trata de desentrañar, a través de un análisis científico, las características positivas de un sujeto social ideal que sea el elemento fundante de la democracia. La ciencia de la sociedad no investiga las leyes de la historia, sino las normas naturales ocultadas por las aberraciones del hombre, sobre las cuales es posible fundar una sociedad justa y feliz [...] Por esto el pensamiento ilustrado dirige la mirada hacia adelante y se muestra insensible a la nostalgia por el pasado [...] El pensamiento romántico, en cambio, dirige la mirada al pasado, explora el complejo entrelazamiento del hombre con las tradiciones, detrás de las cuales vislumbra el perdido y feliz estado de naturaleza que garantizaba los valores del hombre, su específica presencia en el mundo de las relaciones sociales». En resumen: «El hombre racionalista tiene la mirada totalmente dirigida hacia el futuro mientras que el hombre romántico vive en la nostalgia del pasado». Israel, G. *Il giardino dei noci: incubi postmoderni e tirannia della tecnoscienza.* CUEN Città della scienza, Napoli, 1998.

mayores iusnaturalistas, Samuel von Pufendorf, de quien Bobbio nos ofrece una síntesis (la cursiva es del original):

> El concepto de *estado de naturaleza* está ligado sin duda al de la ley natural. Pufendorf, partiendo de la base de que el estado de naturaleza es aquel en el que el hombre vive según su propia naturaleza, sin el apoyo de ninguna invención y fuera de ese invento fundamental que es la sociedad, observa que dos son las condiciones fundamentales de la vida del hombre en tal estado, a saber, *la libertad y la igualdad* [...] El estado de naturaleza es, por tanto, concebido por Pufendorf como estado racional donde todo está regulado por la ley racional y natural: es decir, en él domina la *ley moral*, contrariamente al estado de naturaleza de Hobbes, donde domina el *instinto*, y donde la ley surge en un segundo momento y con el fin de poner término a un estado de guerra. El dualismo entre estado de naturaleza y ley natural que se encuentra en Hobbes tiene su origen en el hecho de que el filósofo inglés atribuye a «naturaleza» dos significados distintos: instinto y razón. Para Pufendorf, en cambio, el estado de naturaleza es ya de por sí racional: naturaleza es razón, de donde el estado de naturaleza es estado de razón[50].

Retomaremos el tema del «buen salvaje corrompido por la sociedad, es decir, por la historia» —ya encontrado

---

[50]   Bobbio (2009), *op. cit.*

cuando hemos reportado el pensamiento de Lucio Lombardo Radice sobre el naturalismo pedagógico– después de que nos asomemos al siglo de las Luces.

VOLVAMOS A LA NATURALEZA, A NUESTRA VERDADERA NATURALEZA, Y VIVAMOS Y ACTUEMOS SEGÚN SUS LEYES

En un ensayo preparado para ser presentado el día de Navidad de 1942, en el tricentenario del nacimiento de Isaac Newton, que no fue leído debido a la guerra en curso, John Maynard Keynes observaba que

> *In the eighteenth century and since, Newton came to be thought of as the first and greatest of the modern age of scientists, a rationalist, one who taught us to think on the lines of cold and untinctured reason*[51].

Sobre el impacto del newtonianismo en el siglo XVIII, en su ensayo *El significado de la síntesis newtoniana*, extraído del texto de una conferencia presentada en la

---

[51] «Desde el siglo XVIII en adelante, se concibió a Newton como uno de los primeros y más grandes científicos de la Edad Moderna. Racionalista, nos enseñó a pensar en la senda de la fría y pura razón». Keynes (1978), *op. cit.*, p. 363.

Universidad de Chicago en 1948, Alexandre Koiré observó que (el énfasis es mío)

el deslumbrante éxito de la física de Newton hizo prácticamente inevitable que sus características particulares fueran consideradas esenciales para la edificación de la ciencia —de todo tipo de ciencia— y que todas las nuevas ciencias que aparecieron en el siglo XVII —ciencias del hombre y de la sociedad— *intentaran* conformarse al esquema newtoniano de un saber empírico-deductivo [...] El resultado de esta jactancia por la lógica de Newton, el resultado, es decir, de un intento de aplicación *acrítica* de los métodos newtonianos (o más bien pseudonewtonianos) a campos completamente distintos de aquellos de su aplicación original, *no fue en absoluto feliz*, como hoy podemos observar [...]

La naturaleza y las leyes de la naturaleza fueron conocidas y sentidas como la concreción del poder y la razón divinos; era natural, por tanto, que fueran concebidas como las mejores posibles. Seguir la naturaleza y aceptar sus leyes como norma suprema significó conformarse a la voluntad y a la ley de Dios.

Pero si el orden y la armonía, con tal evidencia, prevalecían en el mundo de la naturaleza, ¿cómo podía ocurrir que, con igual evidencia, *no* estuvieran presentes en el mundo del hombre? La respuesta pareció clara: *el desorden y la desarmonía eran creaciones humanas, generadas por el esfuerzo estúpido e ignorante del hombre de alterar las leyes de la naturaleza o incluso de*

suprimirlas y de sustituirlas por reglas trazadas por él mismo.
También el remedio a este inconveniente pareció fácil: *volvamos a la naturaleza, a nuestra verdadera naturaleza y vivamos y actuemos según sus leyes.* Pero ¿qué es entonces la naturaleza humana? ¿De qué modo podemos determinarla? No ciertamente deduciendo su concepto de los filósofos griegos y escolásticos, ni tampoco de los modernos, como Hobbes y Descartes. Debemos proceder con el método de Newton y aplicar las reglas que él nos ha proporcionado. Es decir, debemos descubrir, con la observación, la experiencia e incluso el experimento, las facultades fundamentales y permanentes, las propiedades del ser y del carácter humano sin añadirles o quitarles nada. Es necesario descubrir el mecanismo de las acciones, las leyes del comportamiento, que conectan y relacionan recíprocamente los átomos humanos. Todo lo demás se deducirá de estas leyes.

¡Un programa maravilloso! Pero, ay, su aplicación *no* dio los frutos esperados. La definición de «hombre» se demostró como una tarea mucho más difícil que la de «materia» y la naturaleza humana continuó definiéndose de modos diferentes y a menudo incompatibles. Y, sin embargo, tan fuerte era la confianza en la «naturaleza», tan difundido el prestigio del esquema newtoniano (o pseudonewtoniano) de un orden que nace espontáneamente de la interacción de átomos aislados e independientes, que *nadie* osó dudar de que el orden y la armonía no fueran de algún modo producidos por átomos humanos que actuaban según su naturaleza, cualquiera que esta fuera: un instinto por el divertimento y el placer (Diderot) o la búsqueda de una ganancia egoísta (A. Smith). De este modo, el retorno a la naturaleza podía asumir el significado tanto de libre pasión como de libre competencia. Huelga decir que fue la segunda interpretación la que prevaleció. La entusiasta imitación (o pseudoimitación) del modelo newtoniano (o pseudonewtoniano) de análisis y de reconstrucción atomística, que ha triunfado hasta nuestros días en la física, en la química e incluso en la biología, produjo, aplicado a otras disciplinas, resultados más bien *modestos*. De la unión profana de Newton y Locke nació así una psicología atomista que concebía el intelecto como un mosaico de «sensaciones» e «ideas» conectadas por leyes de asociación (atracción). Siguió luego también una sociología atomista para la cual la sociedad era reducida a un agregado de átomos humanos, completos y cerrados cada uno en sí mismo, que se atraían y repelían recíprocamente[52].

En este fragmento de Koiré, resuena el movimiento de ideas descrito por Bobbio a propósito del iusnaturalismo, unido a la dificultad de definir la «naturaleza humana», y emerge con mayor nitidez el movimiento de separación de la «naturaleza» (concebida al modo mecanicista) de la cultura, precisamente en el juicio severísimo que imputa a nuestra cultura la desarmonía observable en la sociedad: «El desorden y la desarmonía [son] creaciones humanas,

---

[52]   Koiré, A. *Studi newtoniani*. Einaudi, Torino, 1983.

generadas por el esfuerzo estúpido e ignorante del hombre de alterar las leyes de la naturaleza o incluso de suprimirlas y de sustituirlas por reglas puestas por él mismo»[53]. Aquí se observan más netamente los elementos profundamente regresivos y contradictorios de este movimiento de ideas porque, por un lado, la pretensión de englobar la sociedad en la naturaleza (para usar la expresión de Kelsen) mortifica las dimensiones de la responsabilidad y la libertad humanas, y, por otro, se olvida que la naturaleza en la que se pretende englobar la sociedad es una naturaleza mecanicista, supuestamente regulada por leyes necesarias, y es, por tanto, concebible sólo en términos de la misma cultura que se pretende anular para integrarla en la «naturaleza»[54].

---

[53] François Quesnay (1694-1774), escribe que «no buscamos lecciones en la historia de las naciones y de los extravíos del hombre, que nos presenta solamente un abismo de desorden» (Israel, 1998, p. 73).

[54] Pierre Samuel Dupont de Nemours (1739-1817) escribe que «[Es necesario] someter a las reglas de una ciencia exacta, la Moral y la Política, que han sido consideradas durante tanto tiempo como versátiles, porque se desconocía la base física y calculable sobre la cual el Creador mismo ha establecido sus principios fundamentales, uniformes y constantes [...]. No puede haber nada arbitrario en las reglas que deben guiar la conducta recíproca de los hombres y la de las sociedades [...]. Los medios que pueden asegurar nuestra felicidad y la de nuestra especie encierran una concatenación de causas y efectos, determinada por leyes irresistibles e invariables, que se fundamentan en nuestra naturaleza y en la de los demás seres que nos rodean. Se concibe bien la inmensa ventaja o más bien la urgente e indispensable necesidad de ser instruidos acerca de estas leyes físicas que, según nuestras acciones, deciden soberanamente nuestro destino». (Israel, 1998, p. 73).

El pensamiento de Rousseau aparece casi como un sedimento de las ideas presentes en el contexto ideológico que hemos descrito. Ya hemos observado que él mismo admite la dificultad de especificar con precisión el contenido de la noción de «naturaleza humana». No resuelve el problema la definición que él presenta en su *Emilio*, donde se refiere a la «naturaleza» como el complejo de nuestras «disposiciones», que nos llevan a buscar o huir de ciertos objetos, consideradas, sin embargo, antes de que sean alteradas por nuestras opiniones. En efecto, puede interpretarse de dos modos, que difieren sólo en apariencia: (i) la naturaleza es lo que queda de nosotros después de habernos privado de nuestra cultura o (ii) la naturaleza es nuestra parte instintiva, que nos pertenece en cuanto somos también parte del reino animal.

Una fuerza erosiva de nuestra humanidad

También aquí es evidente que este movimiento de ideas, que según Kelsen define la modernidad, completamente inmerso en la separación de la naturaleza de la cultura humana y en la subordinación de esta a aquella, contiene en su interior una fuerza erosiva de nuestra humanidad, si es cierto que esta coincide con nuestra cultura: sin derecho, sin sociedad, sin lenguaje, somos presa de los instintos (*animal non agit, agitur*) y, por lo tanto, no libres, sino dominados por aquella necesidad que, según la visión moderna, domina el mundo natural. El mismo Rousseau observa que la naturaleza no hace a los hombres iguales en el sentido naturalista de la palabra: la noción de «igualdad», que él ha justamente defendido, es una noción jurídica, es decir, cultural.

EL EXTRAÑO CONCEPTO DE HOMBRE NATURAL

El carácter abstracto de la noción de «hombre natural» resurge por todas partes en Rousseau:

> El hombre natural es una entidad completamente independiente, es la unidad numérica, es el entero absoluto que tiene relación sólo consigo mismo o con su semejante[55].

Esta definición evoca lo que Giorgio Israel llama «extraño concepto de punto material», que en manos de Newton (de quien Rousseau, como todos los intelectuales en el siglo XVIII, era admirador), ha prestado tantos servicios a la física matemática:

---

[55]   Rousseau J.-J. *Emilio, o dell'educazione*. Mondadori, Milano, 2004, libro primo.

Es evidente que el punto material es un objeto extraño, una especie de «centauro»: etéreo e inmaterial, en cuanto objeto matemático, una simple localización en el espacio; y, al mismo tiempo, sumamente «material», porque posee una de las propiedades más concretas de un cuerpo físico, la masa. ¿Cómo suspender una característica concreta como la masa en un soporte tan inconsistente como un punto geométrico?[56].

Este fragmento del primer libro del *Emilio* también revela el carácter abstracto, racionalista, iluminista del pensamiento de Rousseau:

Es necesario, pues, dar a nuestros propósitos un carácter más general y considerar en nuestro alumno al hombre abstracto, al hombre sujeto a todas las vicisitudes de la vida humana.

No es casualidad que Israel subraye la diferencia entre «las razones del hombre concreto, real [hechas suyas por el Romanticismo] frente a aquellas de la representación abstracta ofrecida por la visión científica del mundo»[57]. El Romanticismo puede verse como el último momento de oposición a la modernidad, entendida en el sentido kelseniano de

---

[56]   Israel, G. *Lo strano concetto di punto materiale*, in: *Matematica e cultura 2007*, a cura di M. Emmer. Springer, Milano, 2007.

[57]   Israel (1998) *op. cit.*

movimiento ideológico que primero separó la «naturaleza» de la «sociedad» y luego pretendió someter esta a aquella. Escribe François-René Chateaubriand (1768-1848):

> ¡Qué pequeños me parecen la mayoría de esos hombres del siglo XVIII que [...] emplean la escala de una estrecha filosofía, que subdivide el alma en grados y minutos, y reduce todo el Universo, Dios incluido, a una simple sustracción de la nada! [...] La ciencia seca el corazón, desencanta la naturaleza, conduce a los espíritus débiles al ateísmo, y del ateísmo al delito[58].

Hoy ese proceso de «sometimiento» ha alcanzado un estadio avanzado si Olga Tokarczuk ha podido escribir, sobre sus estudios de psicología, acometidos a finales del siglo pasado, que se trata de un «mundo [...] paralizado y muerto, gobernado por cuestiones elementales que deben ser aclaradas y difundidas usando preferentemente diagramas [por medio de] experimentos, hipótesis y verificaciones [y por medio de los] secretos de la estadística [en la convicción de que] gracias a ella se [puede] describir a la perfección cualquier ley de la naturaleza [porque] el noventa por ciento es más importante que el cinco»[59].

---

[58] *Idem.*

[59] Tokarczuk, O. *I vagabondi*. Bompiani, Milano, 2020, p. 14.

La sociedad corrompe al hombre y lo hace miserable

Sobre la base del repudio ideal de las creaciones culturales humanas, de la propensión a verlas como aberraciones
del orden natural, y de la convicción de que «el desorden
y la desarmonía [que reinan en el mundo del hombre son]
creaciones humanas, generadas por el esfuerzo estúpido
e ignorante del hombre de alterar las leyes de la naturaleza o incluso de suprimirlas y de sustituirlas con reglas
puestas por él mismo», no debe sorprender que Rousseau
haya elegido elevar a *principio* la convicción de que «la
naturaleza hizo al hombre feliz y bueno, pero la sociedad
lo corrompe y lo hace miserable»[60].

La educación impartida por la naturaleza es total-
mente independiente de nosotros

Corolario de estas convicciones ideológicas es el rol
singular que la figura del educador asume en el pensamiento pedagógico de Rousseau, resultado de la con-
vergencia entre el repudio ideal de la cultura humana,
vista como causa primera de la «desarmonía» prevalente

---

[60] Rousseau J.-J. *Rousseau judge of Jean-Jacques: Dialogues*, a cura di
R.D. Masters e C. Kelly. University Press of New England Dartmouth
College, Hanover, 1990.

en el «mundo del hombre», y la convicción de que la formación del ser humano, como la de una planta, sigue leyes propias:

> La educación nos es impartida o por la naturaleza, o por los hombres, o por las cosas. La de la naturaleza consiste en el desarrollo interno de nuestras facultades y de nuestros órganos; la de los hombres nos enseña a hacer un cierto uso de facultades y órganos así desarrollados; la adquisición de una experiencia personal nuestra mediante los objetos de los que recibimos impresiones es la educación de las cosas. [...] Pero de las tres diferentes formas de educación, la de la naturaleza es totalmente independiente de nosotros y la de las cosas no depende de nosotros más que en parte[61].

En el trabajo ya citado, Ernesto Codignola enmarca el naturalismo pedagógico como sigue:

> La educación, según el *Emilio*, debe favorecer el proceso espontáneo con el que el individuo llega a «ver con sus propios ojos, a sentir con su corazón, a no ser gobernado por ninguna autoridad que no sea su propia razón». Y mientras los poderes del espíritu no estén formados, el educador debe limitarse a esperar, su obra debe ser «negativa», únicamente

---

[61]   (Rousseau, *Émile*, libro primero).

dirigida a eliminar los obstáculos. Él podrá intervenir sólo cuando sea posible apelar a las fuerzas llegadas a madurez. Pero incluso entonces el maestro debe ser «ministro» y no enemigo de la naturaleza.

EL NATURALISMO PEDAGÓGICO

Por lo tanto, el naturalismo pedagógico se presenta como un precipitado del movimiento de ideas discutido en las páginas anteriores. Coherente con este cuadro es el vivísimo interés de Rousseau por la botánica y la química. El primero está testimoniado por su intensa correspondencia con los nombres más ilustres de la botánica francesa del siglo XVIII, que muestra que su actividad no era la superficial de quien recoge flores paseando[62]. El segundo está motivado por su interés por la capacidad de autoorganización de los entes orgánicos: en su tratado de química, un manuscrito inédito de 1206 páginas, él afirma que lo que motiva sus investigaciones de química es lo que se revela incluso en

---

[62] Cook, A. *Rousseau of los ? Cocuwui d'Chhusugo Souernigwo*, in *Rousseau et les sciences*, a cura di B. Bensaude-Vincent e B. Bernardi, Harmattan, Parigi, 2003, pp. 93-114. Cook, A. *Idées et pratiques scientifiques dans la correspondance botanique de Jean-Jacques Rousseau*, in «Annales Jean-Jacques Rousseau», XLVII (2007), pp. 265-285.

la más pequeña de todas las plantas y en el más vil de todos los insectos: [...] el abismo [del misterio] de la generación, en el que los filósofos se han perdido desde hace mucho tiempo, que aún hoy hace desesperar a los incrédulos[63].

La fascinación de Rousseau por la química orgánica, su visión del alumno como una especie de planta que aprende por sí misma, su *fe* en la capacidad autoorganizativa del niño para guiar su propio crecimiento –que le impide darse cuenta de los paralogismos que atiborran sus razonamientos– son todos momentos de la «separación de la naturaleza de la sociedad» y de la concepción monista en la que «la sociedad es vista como parte de la naturaleza», según la definición kelseniana de la modernidad. Escribe aún Codignola: «En 1794 las cenizas [de Rousseau] fueron llevadas al Panteón de París: homenaje de la Revolución francesa a uno de sus grandes precursores».

INVISIBLE COMO EL AIRE QUE SE RESPIRA

Para ver lo que está bajo nuestra propia nariz se necesita un gran esfuerzo, porque nada es más invisible que

---

[63] Rousseau J.-J. *Les Institutions chymiques de Jean Jacques Rousseau*, a cura di M. Gautier, in «Annales de la société Jean Jacques Rousseau», Tome douzième. A. Jullien, Ginevra, 1919-1921, p. 47.

el aire que se respira. Lo que se encuentra hoy en el aire, cuál es el espíritu de la cultura de nuestro tiempo, como escribe Lucio Russo, cuál es nuestro horizonte histórico, queda ilustrado por la «codicología cuantitativa», que estudia los códices antiguos limitándose a registrar la amplitud del margen blanco de las antiguas páginas, aunque esto no tenga ninguna relevancia para singularizar al copista o la datación o cualquier otro elemento, y sólo porque de este modo se pueden usar métodos estadísticos cuantitativos[64]. Con qué fin, nadie lo sabe. He aquí que no sólo la didáctica activa es fruto del recurso sistemático a elecciones unilaterales, sino que la misma «sociedad» moderna, en la definición kelseniana, es fruto de una elección de este tipo: la concepción monista donde «la sociedad es vista como parte de la naturaleza».

UNA HERIDA A LA CREATIVIDAD HUMANA

La conciencia de los contornos de esta concepción monista nos permite entender mejor que el naturalismo pedagógico ha sobrevivido a sus fracasos precisamente

---

[64]   Russo, L. *La cultura componibile: dalla frammentazione alla disgregazione del sapere.* Liguori, Napoli, 2008.

porque sus presupuestos han penetrado, entretanto, en nuestra época: esta pretende que sólo los datos biofísicos, bioquímicos, biomoleculares o genéticos, regidos por leyes naturales cuyo rasgo es la necesidad, tengan dignidad ontológica para el ser humano. La pretensión de reducir por completo la psicología o la economía a ciencia natural es una de sus consecuencias: «Hay que tratar la economía política como haríamos con la acústica o la mecánica», escribe el 6 de febrero de 1859 Auguste Walras a su hijo Léon[65]. En esta concepción monista no hay espacio para elecciones autónomas de la voluntad: el hombre es un animal gobernado por «leyes [naturales] de la conducta humana», como escribe Hermann Heinrich Gossen[66], y la posesión de estas leyes permite a quien las conoce manipularlo, como se hace con el mundo de la naturaleza gracias a los últimos avances de la técnica. Si usamos, como se propone, el esquema del triángulo para representar el mundo de la cultura humana, esta concepción hiere precisamente su baricentro, que es la creatividad. El delirio de manipulación del hombre es el

---

[65] Leroy, L.M. *Auguste Walras: sa vie son œuvre*, Librairie Générale de Droit et de Jurisprudence, Paris, 1923, p. 289. Un análisis más profundo del tema se encuentra en Ingrao, B., Israel, G. *La mano invisibile: l'equilibrio economico nella storia della scienza.* Laterza, Roma-Bari, 1987, *op. cit.*

[66] (Gossen, 1854) *op. cit.* Cf. nota 19, p. 77.

corolario de este monismo, que juzga al ser humano en última instancia nada más que como un animal, y *animal non agit, agitur* (el animal no actúa, es actuado).

EL MOVIMIENTO HACIA LA MODERNIDAD

El movimiento hacia la modernidad –definida, según Kelsen, por aquella concepción monista en la que «la sociedad es vista como parte de la naturaleza», donde el término «naturaleza» ha sufrido ya un deslizamiento de sentido y es vista ahora como separada de la «sociedad», porque es esa naturaleza *mecanicista* surgida de la revolución científica de Galileo y Newton, regulada por el principio de causalidad mediante leyes inmutables que le imprimen el carácter de la necesidad– es continuado por la *philosophie positive* comtiana, que penetra rápidamente en Inglaterra (donde ya en 1843 J.S. Mill incluía a Comte entre «los pensadores europeos de primer orden») y luego por sus varias ramificaciones degradantes y reencarnaciones, entre las que destacan el evolucionismo darwinista (que describe los mecanismos que regulan el autónomo cambio de las especies animales) y el pragmatismo en sus distintas versiones (de las cuales sobrevivirá la más degradada).

Por su rol en la definición de la modernidad, conviene delinear algunos rasgos destacados de la *philosophie positive*.

Un rasgo central de la *philosophie positive* se refiere a lo que Husserl ha llamado «decapitación de la filosofía», es decir, un prejuicio antimetafísico que muestra qué simplista es su concepción de esa ciencia por la cual el positivismo también desarrolla un verdadero culto. El siguiente fragmento de Giorgio Israel ilustra esta cuestión:

La ciencia propiamente dicha –de la que la física-matemática o la física teórica son el modelo primario– no está exenta de visiones mitológicas fundantes. ¿Qué es la visión mecanicista –es decir, la convicción de que todo fenómeno puede ser reconducido al movimiento de los cuerpos materiales– sino una verdadera mitología? ¿Y qué decir de la visión determinista del mundo, según la cual el estado presente de todo sistema físico determina de modo único su evolución futura? Tampoco es cierto que la ciencia proceda siempre con un arsenal de métodos bien definidos para intentar la autoimpugnación (o sea, verificar) de sus resultados. Es arriesgado sostener que la verificación experimental constituya un método en el sentido estricto de la palabra: a menudo se reduce a un complejo de recetas prácticas. Sin embargo, es cierto que la ciencia se basa en el entrelazamiento indisoluble de metafísicas fundantes (visiones globales del mundo e incluso mitologías) y de la exigencia continuamente operante de someterlas a verificación y, por tanto, de elevarlas a leyes universales demostradas racional y empíricamente. La tensión entre estos dos polos es la esencia misma del proceder científico. «La ciencia apunta a la constitución de un saber permanente, sobre el cual el tiempo ya no tiene influencia» [...] y al mismo tiempo pretende demostrar su validez confrontándolo con los hechos, lo que implica –al menos en principio– su continuo cuestionamiento. Así, la psicología del científico está dividida entre la aspiración a lo inmutable y la crítica racional de sus propios descubrimientos: él desea ardientemente que estos sean verdaderos y, por tanto, indiscutibles, pero funda tal carácter indiscutible en la posibilidad de verificarlos y, por tanto, también de ponerlos continuamente en discusión. En resumen, la ciencia es dogmática por los fines y antidogmática por el método[67].

EL RECHAZO DEL DERECHO

Otro rasgo central concierne a la incomprensión de la esfera del derecho, que equivale, de hecho, al rechazo de una de las adquisiciones centrales de la *cultura humana*

---

[67]   (Israel, 1998, pp. 139-140). Cf. Bencivenga, E. *I passi falsi della scienza*. Garzanti, Milano, 2003.

y, por esto, representa un elemento de erosión de nuestra *humanidad.* El siguiente fragmento de Comte es elocuente a este respecto:

> *Le mot droit doit être autant écarté du vrai langage politique que le mot cause du vrai langage philosophique. De ces deux notions théologico-métaphysiques, l'une est désormais immorale et anarchique, comme l'autre irrationnelle el sophistique. Également incompatibles avec l'état final, elles ne convenaient, chez les modernes, qu'à la transition révolutionnaire, par leur action dissolvante sur le système antérieur*[68].

Un movimiento de erosión

Por lo tanto, el delirio de manipulación es un corolario degradante de la pretensión de no reconocer dignidad ontológica a la cultura, que, como es sabido, está hecha

---

[68] «La palabra *derecho* debe ser apartada del verdadero lenguaje político tanto como la palabra *causa* del verdadero lenguaje filosófico. De estas dos nociones teológico-metafísicas, una es en lo sucesivo inmoral y anárquica, como la otra irracional y sofística. Igualmente incompatibles con el estado final, sólo convenían, entre los modernos, a la transición revolucionaria, por su acción disolvente sobre el sistema anterior». Comte, A. *Système de politique positive,* vol. 1. Librairie Scientifique-Industrielle del L. Mathias, Paris, 1851, p. 361.

también de ideas inmateriales fruto de la invención humana, relaciones humanas dictadas por afectos, por efímeros o profundos que sean, un *corpus* de tradiciones y habilidades resultantes de prácticas seculares que se transmiten *sólo* con la enseñanza directa, de elecciones normativas, legado de una civilización jurídica milenaria, o producto de nuevas orientaciones conscientemente elegidas sobre la base de esta o aquella idea de convivencia civil, o esta o aquella nueva y traumática experiencia histórica: en suma, está hecha de *elecciones autónomas* no vinculadas al determinismo biológico sino a esa *ley moral* que Kant se limita a *acercar* al cielo estrellado, regido por la ley de gravitación universal, pero *sin* pretender conservar sólo una de esas dos cosas que han llenado su ánimo de «admiración y veneración siempre nueva y creciente», «cuanto más a menudo y más largamente la reflexión se ha ocupado de ellas».

Hoy la reflexión no se ocupa de estas cosas y, en el marco monista de la modernidad, la política (mediación consciente de los conflictos sociales) desaparece subsumida en la «física social» basada en los «principios generales de la producción» y, puesto que se pretende que existen «leyes [naturales] de la conducta humana», negando que el hombre pueda darse leyes y obedecerlas por elección autónoma, ya no hay espacio ni siquiera para el derecho, noble expresión de amplio aliento de la política y de la libertad, donde se encuentran el deber ser y el querer ser. En este marco monista, la política y el derecho son devaluados a pura administración de elecciones tomadas en otra parte porque, al decir que algo obedece a una ley de la naturaleza, se lo sustrae al espacio de la elección autónoma y se lo trata como si fuera un objeto en caída libre, carente de elección, sometido a una determinada ley natural. El resultado es

> el alejamiento de la ciencia de todo significado y valor atribuible a la vida humana, pero sin ninguna recuperación teórica de tales significados y valores, hasta una suerte de autodisolución de la filosofía [...] el individualismo dominante en el mundo contemporáneo, pero sin un criterio que, limitándolo, lo oriente hacia una auténtica libertad en lugar de hacerlo susceptible de todo tipo de manipulación[69].

DE LA SUMISIÓN DE LA SOCIEDAD A LA NATURALEZA A LA SUMISIÓN DE LA SOCIEDAD

De la pretensión de someter la «sociedad» (en el sentido kelseniano del término) a la «naturaleza» (dominada por la «necesidad» propia de sus «leyes naturales») deriva el «no hay alternativa» que se usa constantemente en

---

[69]   Bontempelli, M., Bentivoglio, F. *Il senso dell'essere nelle culture occidentali*, volume 3. Trevisini Editore, Milano, 1992, p. 144.

la jerga corriente. Dado que la dimensión de la *elección* no puede ser removida de nuestra vida, individual y colectiva, se invoca alguna «ley natural» para justificar elecciones políticas que tienen otras motivaciones, a menudo inconfesables: pensemos en la relación entre deuda pública y PIB, que está sometida a una numerología (también suspendida en el vacío) sustraída al escrutinio de la racionalidad dialógica en nombre de la inmutabilidad de las «leyes naturales»; pensemos en el modo en que actualmente se habla del mercado como de una entidad impersonal regulada por leyes de la naturaleza; pensemos en el modo en que la venta de ciertos productos o la aplicación de ciertos criterios médicos es promovida por organismos que ocultan su naturaleza privatista (es decir, portadora de intereses de parte) y apelan a una cientificidad erigida como muro porque *sustraída* a la racionalidad dialógica, contra la misma realidad de la *ciencia*, que vive sólo *dentro* de la racionalidad dialógica[70]; pensemos en el descubrimiento

---

[70]   «Si pensamos en la forma en que Kepler, Galileo, Descartes, Newton y los demás sustentaron sus concepciones de la racionalidad y de la ciencia, vemos que ninguno de ellos pensó que estas debían ser aceptadas por una supuesta sacralidad religiosa o revelación divina, y que, por lo tanto, debían ser impuestas por la fuerza. La fuerza fue utilizada exclusivamente, contra algunos de ellos, por parte de los poderes feudales y religiosos tradicionales anteriores a la civilización occidental y, en sus inicios, enemigos de ella. Kepler, Galileo,

reciente de que, durante años, los médicos han dado a los pacientes respuestas engañosas –y letales– sobre los efectos del azúcar en las enfermedades coronarias porque esas investigaciones habían sido financiadas por la industria azucarera[71]. En otras palabras, la introducción ideológica de la noción de necesidad se usa para expulsar de la política la prerrogativa de la elección, es decir, para hurtar el privilegio de la elección al común del pueblo y entregárselo a una sola parte del cuerpo social. Las relaciones entre ejercicio del poder político, riqueza privada y actividad científica deben ser reguladas por un ordenamiento normativo adecuado, sin el cual los conflictos de intereses opacan las decisiones presentadas como resultado de una ley de la naturaleza. El tipo de ejemplo que hemos visto sobre el azúcar no es exclusivo del campo biomédico. Sin política y derecho no hay responsabilidad y desaparece toda forma de vínculo ético.

Descartes, Newton y los demás consideraron todos que su modelo de racionalidad científica y de racionalidad en general debía ser aceptado conforme a la persuasión de los argumentos que presentaban y contra los cuales consideraban admisibles contraargumentos, que debían combatirse únicamente con otros argumentos racionales» (Badiale e Bontempelli, 2009, p. 86).

[71]   Kearns C.E., Schmidt L.A., Glantz S.A. *Sugar Industry and Coronary Heart Disease Research: A Historical Analysis of Internal Industry Documents*, in «JAMA Intern Med.» 2016; 176(11):1680-1685.

La «guía de la sociedad por parte del saber tecnocientífico» cubre conflictos de interés que deberían resolverse por vía política, mediante decisiones conscientes y transparentes que superen el escrutinio de la racionalidad dialógica y es, por tanto, una clave de lectura de la modernidad[72]. No sorprende que los ataques a la racionalidad dialógica sean cada vez más explícitos: su condición de instrumento esencial de la actividad científica revela, primero, la estridencia de estos ataques, cuya pretensión es erigir la tecnociencia en guía de la sociedad, y de la incapacidad de la *philosopie positive*, segundo, para comprender debidamente la ciencia.

Observemos, de paso, que en las sociedades de mercado los conflictos de interés afectan en buena parte a la venta de bienes o de servicios en gran cantidad: por ejemplo, pueden concernir a la venta de los servicios ofrecidos por psicólogos que diagnostican los Trastornos Específicos del Aprendizaje, o la consultoría de los pedagogistas, vistos como depositarios de la «ciencia de la educación», que se cimienta sobre la pretensión, primero, de separar el contenido transmitido de los modos de la transmisión y la idea, segundo, de que el discente no necesita del docente porque «aprende por su *propia* actividad, asumiendo la cultura del "ambiente" y *no* del maestro

---

[72]   Israel (1998).

[basándose en] leyes interiores de formación mental, [en] leyes cósmicas que lo conducen inconscientemente, [y en un] misterioso querer que dirige su formación»[73].

La desaparición de la responsabilidad

En su *Il Giardino dei Noci*, Giorgio Israel observó lo siguiente:

> La Ilustración del siglo XVIII cometió el error de esbozar una doctrina eminentemente cientificista. Se ilusionó con la posibilidad de copiar de las leyes de la física-matemática los principios que permitirían reformar la sociedad de manera racional y justa [...] Sin embargo, el cientificismo contemporáneo es una visión más estrecha y miope que el antiguo. Se limita a un enfoque técnico y pragmático de la cuestión social. Como heredero del relativismo de los inicios de nuestro siglo, ha hecho desaparecer el problema ético dentro de una visión meramente tecnocrática y gerencial. Además, si el cientificismo ilustrado era «reduccionista» −en el sentido de que trataba los procesos biológicos o socioeconómicos como las interacciones de las partículas de un sistema mecánico y, por tanto, tendía a reducir la biología, la economía y las ciencias sociales a la física−, el tecno-

---

[73]   Lombardo Radice (1958).

cientificismo contemporáneo lo es aún más. Para él, no existe ningún conocimiento válido fuera de las ciencias naturales de tipo físico-matemático y todas las otras formas de conocimiento deben ser reconducidas a este. En particular, las relaciones entre los hombres, incluidos sus aspectos éticos y morales, deben ser tratadas como un problema formal de matemática. El materialismo del siglo XVIII parece agua de rosas comparado con el de quienes predican que el cerebro es una máquina de carne y que todas las formas de interacción entre personas serán reabsorbidas en los canales informáticos y telemáticos[74].

La concepción monista que define la modernidad mortifica a la política y conlleva un desprecio congénito por el derecho, que debería ser la expresión noble, de largo alcance, de la política. Es así como los sacerdotes de la humanidad, expertos en esto o aquello, a los que Comte llamaba «científicos» y hoy llamamos «técnicos», están exonerados de la responsabilidad de sus actos[75]. El éxito de esa concepción monista es completo: está ante nosotros, pero, como se ha dicho, no es fácil ver lo evidente.

---

[74]   Israel (1998).
[75]   Comte dice explícitamente que el control de una sociedad industrial debe confiarse a «industriales» y «científicos». No es oportuno dudar de que los «industriales» lo sean, pero siempre conviene dudar de que quien es llamado «científico» lo sea realmente.

Nota del traductor

Los términos originales italianos «pedagogismo» y «pedagogista» no tienen un equivalente directo en español. Se han mantenido en su forma adaptada por ser conceptos centrales del ensayo.

- Pedagogismo: Hace referencia a la tendencia a atribuir una importancia exagerada a las cuestiones pedagógicas y, en su segunda acepción, a la aplicación rígida y pedante de un método pedagógico concreto.

- Pedagogista: Especialista o docente de pedagogía.

Se terminó de imprimir esta edición de
Pedagogismo.
el día 28 de enero de 2026,
festividad de santo Tomás de Aquino.

Laus Deo Virginique Matri